L'ART DE BIEN FAIRE SOI-MÊME SES AFFAIRES ET DE GAGNER DE L'ARGENT

D'APRÈS L'OUVRAGE ANGLAIS : HOW TO MAKE MONEY

E.T. FRIEDLEY

FV ÉDITIONS

TABLE DES MATIÈRES

AVIS DE L'ÉDITEUR	1
1. Qu'est-ce que les Affaires ?	3
2. Qualités indispensables pour bien faire ses Affaires.	7
3. Des divers genres d'Affaires.	13
4. Éducation pour les Affaires. — Choix d'une Profession.	15
5. De l'habitude des Affaires.	22
6. Connaissance des Lois.	29
7. Affaires Commerciales.	32
8. Des Opérations Commerciales.	45
9. Du petit Commerce.	61
10. De la Spéculation. — Différence entre le négociant et le spéculateur.	75
11. De la Banque. — De l'Intérêt.	80
12. Des Inventions.	83
13. Comment on devient millionnaire ?	86
14. Comment l'Argent se perd.	91
15. Le vrai chemin de la Fortune.	96
16. Épargne. — Dons. — Prêts.	101
17. Des Propriétés immobilières.	105
18. Des Propriétés Mobilières.	112
19. Mandats. — Procurations.	115
20. Contestations. — Procès.	118

21. Mariage. — Tutelle. — Testament. 121
22. Résumé. — Règles générales pour mener à bien ses affaires. 124

AVIS DE L'ÉDITEUR

L'ouvrage que nous offrons au public a pour but de *donner aux personnes inexpérimentées des règles pour conduire sagement leurs propres affaires*. Il s'adresse à ceux qui n'ont que de vagues notions sur la marche à suivre, sur les précautions à prendre pour sauvegarder leurs intérêts, et qui seront bien aises de connaître, lorsque le cas se présentera, quelle sera la conduite à tenir, non seulement pour ne pas être trompés, mais pour n'exiger des autres que des choses justes et honorables. Éclairer l'honnête homme sur ses vrais intérêts, lui montrer la manière la plus sage d'agir dans une position donnée, lui apprendre les moyens d'éviter les procès et les pertes, en se conformant toujours aux lois de la probité et de l'honneur, tel est l'objet de ce livre.

On y verra aussi comment *on gagne de l'argent*, et c'est ce que comprendra facilement cette portion si nombreuse et si respectable de la société qui aime le travail, l'ordre, l'économie, qui soigne ses intérêts, les défend au besoin, qui a l'intelligence des affaires, mais qui n'a pas pu en avoir encore l'expérience, que le temps seul peut donner. Ce sont les leçons de longues années passées dans la pratique des affaires dont nous nous plaisons à leur communiquer le fruit. Ces leçons s'appuient sur des conseils dont la sagesse a été universellement reconnue dans des contrées où l'on apprécie, mieux que partout ailleurs, le prix du temps, les avantages de l'activité, de l'ordre et de l'épargne.

1

QU'EST-CE QUE LES AFFAIRES ?

Les affaires, en général, sont l'occupation de l'homme ayant un but sérieux et utile, et consacrant son temps et son attention de tous les jours à un objet qui doit lui procurer un avantage. L'homme, étant un composé de corps et d'esprit, cherche à satisfaire ses besoins physiques et intellectuels.

L'homme d'affaires travaille à produire, à manufacturer, à vendre les matières destinées aux nécessités corporelles ; l'homme d'étude à créer, à arranger, à fournir les choses qui donneront un aliment à l'intelligence. Inutile de rechercher lequel des deux est supérieur à l'autre ; tous deux sont nécessaires.

Quel est le but des affaires ? Le but des affaires, nous ne dirons pas que c'est le bonheur : on le poursuit en vain, on ne le trouve pas sur cette terre. Le but des affaires, c'est le *bien-être* ; celui que donne une fortune suffisante pour écarter les soucis d'une existence précaire ; celui que crée une position indépendante ; celui que produit la considération de ses concitoyens. Tout cela n'est pas le bonheur, mais contribue à faire disparaître les angoisses de la pauvreté, les humiliations compagnes d'une existence besogneuse, les dédains infligés par le parvenu orgueilleux. La religion, il est vrai, donne des forces pour supporter ces souffrances ; elle en fait des mérites pour le ciel, mais elle ne défend pas de travailler à s'y soustraire, pourvu que ce soit par des moyens légitimes.

Le but des affaires est donc de rechercher le bien-être en le plaçant dans une activité énergique de l'esprit, dans l'usage libre de ses facultés, dans l'accroissement de la durée de la vie, dans l'adoucissement des mœurs, dans l'établissement de lois justes, dans l'amélioration de l'hygiène publique, dans de plus grandes facilités de locomotion et de correspondance, dans une plus grande aisance dans la nourriture et le logement. Voilà le bien-être que l'on peut atteindre : ce n'est pas le bonheur, car il ne met pas à l'abri des maladies, de la mort des personnes chères, de la trahison des amis, de l'ingratitude des enfants, et de tant d'autres maux dont la vie humaine sera toujours semée, mais il exempt d'une foule d'autres peines qui, pour être d'un ordre inférieur, n'en sont pas moins souvent bien dures. Aussi chacun cherche-t-il le bien-être ; les uns l'avouent, les autres le dissimulent, mais tous s'efforcent d'arriver à une situation *meilleure.* L'ambition, l'orgueil, l'amour-propre, l'amour de l'argent sont des stimulants, souvent blâmables, mais réels, et dont il faut tenir compte ; c'est faute de connaître les réalités de la vie, que bien des gens échouent dans leurs entreprises. Si la vertu régnait en souveraine dans ce monde, il serait inutile de faire tant d'efforts pour arriver au bien-être ; les hommes se tendraient les uns aux autres une main secourable, personne ne tomberait dans la misère, toutes les souffrances seraient soulagées, et le riche serait heureux de partager son superflu avec ceux qui n'ont pas le nécessaire. Mais ce sont là des exemples rares, et il ne serait pas prudent de s'y fier. Il faut se souvenir que, depuis la chute originelle, *la vie de l'homme est un combat*, et il faut entrer bravement dans la lice, pour lutter contre sa propre inertie, contre son propre désir de jouir, contre la concurrence des intérêts d'autrui, contre ses propres passions et contre les passions des autres. C'est au milieu de cette lutte, qu'il faut apprendre à conduire ses affaires, pour arriver au bien-être, en respectant les droits de ses semblables.

Qu'est-ce que savoir faire ses affaires ?

L'homme qui sait faire ses affaires est celui qui, connaissant bien la position où sa naissance et les circonstances l'ont placé, en tire le meilleur parti possible. Celui qui est né sans fortune et qui n'a d'autre moyen d'existence que le travail de ses mains ou de son esprit, saura bien faire ses affaires, s'il comprend de bonne heure qu'il doit travailler activement suivant ses forces, viser à faire du bon travail, pour en tirer une plus grande rémunération, ne pas dépenser tout ce qu'il gagne pour amasser par l'économie de quoi faire face aux chômages imprévus, et surtout éviter de faire des dettes, ce qui est une source de soucis et même de malheur dans la vie. Celui à qui ses parents ont laissé des propriétés, doit, pour bien faire ses affaires, les gérer avec attention et intelligence, les entretenir, les bien louer s'il ne les gère pas, etc. Celui qui est dans le commerce ou l'industrie saura bien faire ses affaires, s'il apprend à bien connaître toutes les ressources de cette profession, à proportionner ses entreprises aux moyens dont il dispose, à livrer aux hasards des événements le moins de chances possible, etc. L'homme qui a un emploi saura faire ses affaires, s'il le remplit avec assiduité, exactitude, conscience, de manière à se faire bien valoir de ses chefs et arriver par là à un avancement mérité, malgré la concurrence qui existe dans cette profession comme partout, quoique sous une forme différente.

2

QUALITÉS INDISPENSABLES POUR BIEN FAIRE SES AFFAIRES.

L'amour du Travail.

L'activité du corps et de l'esprit est une condition sans laquelle personne ne parviendra jamais à bien faire ses affaires. La paresse, l'oisiveté ont toujours été considérées comme la source des vices et de la ruine morale et matérielle. « L'homme occupé, dit un proverbe turc, n'est tracassé que par un seul démon, le fainéant l'est par mille. » « Le diable tente les hommes », dit un proverbe espagnol, mais le fainéant « tente lui-même le diable. » Mais l'oisiveté fut-elle une vertu, elle n'est pas praticable. L'esprit ne peut pas exister dans l'inaction ; il faut qu'il fasse quelque chose, bien ou mal, quand le corps veille. Le corps aussi est fait pour l'action ; sans l'action, il décline. Le travail est donc indispensable à l'homme ; bien plus, l'homme doit aimer le travail, quoique le travail soit une peine qui découle de la faute originelle. On a beau regimber contre cette nécessité, il faut la subir ; mais, par un heureux retour, le travail accepté produit la satisfaction de l'âme et la santé du corps. On comprend qu'il ne s'agit point d'un travail excessif, qui dépasse la mesure des forces ; non, le travail qui fait du bien, c'est le travail modéré, entrecoupé d'intervalles de repos ; travail qui est peut-être pénible dans les commencements, mais que l'habitude rend bientôt très supportable. Cette habitude, devenue une seconde nature, finit par faire du travail un besoin et même une distraction. D'ailleurs, la récompense qui est au bout est déjà un dédommagement qui en compense les fatigues.

L'Instruction.

L'instruction est une source, nous dirions presque de bonheur, si ce mot répondait à quelque chose de réel sur la terre, mais à coup sûr de bien être et de contentement. Tout progrès de l'intelligence qui rapproche l'homme de la source de toute vraie connaissance, c'est-à-dire de Dieu, toute faculté nouvelle découverte ou mise au service d'une volonté active, toute idée qui donne une notion plus claire des mystères du monde visible, ou de l'esprit humain, ce mystère plus grand encore, est un pas de plus fait vers ce bonheur que l'on n'atteint pas, mais dont on peut approcher au moins quelques instants. Mais l'instruction, la science, sans la pureté de cœur, est un piège, et les connaissances qu'on n'applique pas à des choses utiles poussent au mal. L'instruction qui n'est pas appliquée aux travaux de chaque jour nourrit l'orgueil, et engendre des goûts faux ou dépravés. Si donc l'on veut être aussi heureux que possible dans ce monde, jouir de la plus grande somme de bien-être, il faut unir ensemble la pratique de la religion, de l'instruction et des affaires. Chacune de ces trois sources de la félicité humaine doit avoir part à notre attention. Cette union est éminemment praticable et son résultat est le calme de l'âme et le repos de la conscience qui conduisent au bonheur. C'est une erreur de croire que les affaires sont incompatibles avec l'instruction. Au contraire, un homme doit posséder des principes solides de morale et une intelligence développée, pour mener une grande affaire avec des espérances raisonnables de succès.

La Moralité.

Personne ne peut passer plusieurs années dans les affaires, sans que son caractère se montre tel qu'il est, si non au public, au moins à sa propre conscience. Si cet homme n'a pas l'esprit ferme, il a chance de devenir un menteur d'habitude ; si sa morale est relâchée, il deviendra un fripon, et plus tard un banqueroutier. Mais si, après quelques années d'une vie active, sa conscience lui dit qu'il est encore un homme d'une morale inflexible, il n'a plus rien à craindre, il a triomphé de l'épreuve ; car les affaires sont une épreuve sévère pour la vertu, trop sévère pour beaucoup de gens, mais elles ne sont pas défavorables aux progrès de la morale ; bien plus, les affaires sont un moyen de la perfectionner pratiquement. C'est dans les affaires que l'homme peut et doit, mieux que partout ailleurs, appliquer les principes de la religion et les connaissances fournies par la science ; c'est dans les travaux de tous les jours, que la sagesse, cessant de s'en tenir aux règles générales, en fait l'application dans tous les cas particuliers qui se présentent. Lorsque tout le monde verra que nul n'est sage s'il n'est honnête ; que la vertu et les connaissances augmentent les chances de succès dans la vie, et sont aussi utiles au bien-être de ce monde qu'au bonheur de l'autre, personne ne négligera de s'instruire, et ne refusera de pratiquer la vertu. Il y a un intérêt identique, une dépendance mutuelle, une relation intime entre tout ce qui est bon ; et les affaires préparent la voie à la vertu, parce que la vertu et l'instruction sont les meilleures amies des affaires. La paresse est une ennemie de la vertu, et les affaires triomphent de la paresse.

La pauvreté est un malheur, mais elle n'ose pas entrer dans la demeure de l'homme laborieux. La charité est une vertu, et les affaires donnent le moyen et la volonté de l'exercer. La probité est une vertu, et plus une nation a le génie des affaires, plus cette vertu y est florissante. La guerre est un malheur, et elle n'a pas de plus grand ennemi que l'homme qui se livre aux affaires. Le commerce, cette branche importante des affaires, propage la civilisation, fait connaître partout les agréments de la vie, met en circulation les découvertes utiles, et stimule l'esprit d'invention.

L'Economie.

Par le travail, par l'instruction, par la probité on peut augmenter son bien-être, et même arriver à la fortune ; mais on n'atteindra jamais son but, si l'on manque d'économie. Ne pas dépenser tout ce qu'on gagne, voilà le moyen le plus sûr de réussir à se créer une position assurée et indépendante. Cela est-il toujours possible ? Nous ne pouvons pas l'affirmer. Le manque de travail, la maladie, une nombreuse famille, sont souvent des obstacles insurmontables. Mais combien de jeunes gens qui pourraient, en prévision d'un établissement futur, mettre chaque année en réserve le superflu de leurs besoins réels, et qui préfèrent le gaspiller, en disant que la jeunesse est faite pour jouir, et qu'il sera toujours temps de songer aux choses sérieuses, quand on aura goûté de tous les plaisirs. Que de fois on regrettera plus tard cet argent si follement dépensé et qui aurait pu former un fonds de réserve, se grossissant chaque année, et devant servir à fonder un établissement productif ou à contracter un mariage avantageux ! Mais non, on arrive à l'âge mûr blasé sur les plaisirs qui ne laissent après eux que l'amertume des regrets, on se marie pour faire une fin, ou bien on traîne le reste de sa vie dans l'isolement d'un célibat égoïste ou forcé.

L'Ordre.

Sans l'ordre, c'est-à-dire sans l'habitude de faire les choses en leur temps, avec réflexion, de songer constamment à ses affaires, de régler leur marche, de tenir note exacte de ses recettes, de ses dépenses, de prévoir les payements à faire, les revenus à toucher, de maintenir dans une grande régularité toutes les choses de son intérieur, de soigner ses récoltes, si l'on en a, ses marchandises, si l'on est commerçant, etc. ;

on s'exposera à des pertes, qui annuleront tout ou partie des résultats acquis par le travail et l'économie.

Ces considérations générales sur les conditions du succès dans les affaires trouveront plusieurs fois leur application dans la suite de cet écrit. Nous aurions pu les étendre davantage, et parler, entr'autres qualités nécessaires à la bonne direction des affaires, du jugement solide qui empêche de faire fausse route, de l'habitude de réfléchir qui aide à voir une affaire sous toutes ses faces, du recours aux sages avis d'un ami expérimenté dont le coup-d'œil est souvent plus sûr parce qu'il est joint au sang-froid de l'homme désintéressé dans une question ; mais ces qualités sont naturellement le partage d'un esprit droit, et nos conseils seraient pour lui superflus, tandis qu'un esprit faux risquerait de n'en pas comprendre la portée, ou d'en faire des applications déplacées.

3

DES DIVERS GENRES D'AFFAIRES.

Travailler de ses mains, remplir un emploi, s'occuper d'affaires litigieuses, suivre la carrière de l'enseignement, du barreau, de la médecine, des administrations publiques, etc., ce n'est pas se livrer proprement aux affaires. Dans ces diverses positions, celui qui les occupe et qui veut s'y avancer a besoin de l'amour du travail, des connaissances propres à son état, de l'ordre, de l'économie ; il doit être mu par les sentiments d'honneur et de moralité ; il doit mettre dans sa conduite de la réserve, de la prudence, de la persévérance ; il doit apprendre à connaître et à juger les hommes, et savoir tirer son profit de ses observations ; mais ce n'est pas à cette classe d'hommes que cet écrit s'adresse. Il a en vue ces nombreuses personnes qui, n'ayant point de traitement fixe sur lequel elles aient à régler leur dépense, s'efforcent par un soin attentif pour leurs affaires d'en obtenir le profit le plus élevé possible, d'éviter les causes de pertes, et de s'assurer d'abord l'existence de chaque jour et ensuite un superflu qui fonde et augmente leur fortune, pour servir à l'établissement de leur famille et aux besoins de leur âge avancé. On peut les diviser en deux grandes catégories : les propriétaires et les commerçants ; dans cette dernière sont compris les négociants, les marchands grands ou petits, les industriels de tout ordre, les banquiers, les spéculateurs, etc. Dans la catégorie des propriétaires, on peut ranger les capitalistes, s'ils ne sont pas négociants ou spéculateurs. Dans ces nombreuses classes d'hommes qui s'occupent proprement d'affaires, il en est beaucoup pour qui ce livre sera inutile, parce que leur esprit sans cesse en travail pour atteindre la fortune a su sortir des voies communes, et n'a plus rien à apprendre sous ce rapport ; mais ils trouvent aujourd'hui tant d'imitateurs moins heureusement doués qu'eux, que notre livre, s'il tombe entre les mains de quelques-uns d'entr'eux, pourra peut-être les détourner d'une fausse voie où ils allaient entrer, et au bout de laquelle ils auraient trouvé la ruine et le déshonneur au lieu de la richesse qu'ils cherchaient. C'est à eux que nous nous permettons d'offrir les conseils de l'expérience de plus de quarante années passées dans les affaires, où nous avons pu voir, d'un œil calme et souvent prévoyant, les résultats d'une entreprise bien ou mal conçue, bien ou mal dirigée, bien ou mal conclue.

4

ÉDUCATION POUR LES AFFAIRES. — CHOIX D'UNE PROFESSION.

Quiconque a la capacité de contracter peut faire des affaires ; mais pour faire réussir des affaires étendues, il faut une force de jugement, une maturité d'esprit, une vigueur de constitution que peu de gens possèdent. Jetons un rapide coup-d'œil sur le caractère, sur l'éducation, qui conviennent le mieux pour un homme qui veut se livrer aux affaires, et donnons quelques conseils sur le choix du genre d'affaires ou d'une profession.

Du Caractère qui aide à réussir dans les Affaires.

Le caractère qui convient le mieux aux affaires est un mélange d'hésitation et de résolution. C'est le caractère de ceux qui exercent une grande autorité. En secret, ils ne comptent sur rien et sur personne. Ils savent tout ce qu'il y a d'incertain dans l'issue des choses humaines, ils se disent : « Qu'arrivera-t-il, si ce que j'espère ne se réalise pas ? » Ces incertitudes abattent un caractère faible, mais un caractère résolu les surmonte, quand il a bien pesé toutes les chances probables. Celui qui se repose sur sa bonne étoile, qui compte sur une heureuse fin quoi qu'il fasse, n'est pas fait pour les grandes affaires. Celui qui tâtonne, qui hésite toujours, qui ne sait rien entreprendre, ne l'est pas davantage. Il faut à la fois un caractère circonspect et résolu. Le véritable homme d'affaires ne pense pas à l'issue ; il sait qu'en tout il y a des éléments d'insuccès, mais il est déterminé à tenter l'aventure, et à tout remuer pour ne pas laisser de côté un seul élément de réussite sans l'avoir mis en œuvre. Il concentre toutes ses pensées sur les moyens, et non sur la fin ; il veut connaître les écueils de la route, et en même temps ce qu'il faut faire pour ne pas y échouer. S'il manque son but, et il sait qu'il peut le manquer, il a en réserve un moyen de se tirer d'affaires, sans tomber dans le précipice de la banqueroute et du malheur.

De l'Education de celui qui se destine aux Affaires.

Il est utile d'exercer de bonne heure les sens des enfants à discerner les odeurs, les couleurs, le goût, les impressions du toucher, mais ce qui est plus important encore, c'est d'exercer les facultés de leur âme, l'attention, la mémoire, le jugement. Par la délicatesse des sens, on observe mieux les qualités des choses matérielles ; par l'exercice assidu des facultés intellectuelles, on les perfectionne à un degré d'autant plus élevé qu'on les a exercées davantage.

C'est par l'étude qu'on exerce les facultés de l'esprit, et c'est de bonne heure que l'on doit y appliquer les enfants. Le temps de l'enfance, de l'adolescence, pendant lequel l'homme n'est pas encore en état de pourvoir seul à ses besoins, doit être utilisé pour lui faire acquérir les éléments de toutes les connaissances qui lui serviront, pendant le reste de la vie, à acquérir les notions spéciales à la profession qu'il adoptera ; mais les parents qui destinent d'avance leurs enfants à telle ou telle profession, doivent diriger leurs études principalement vers le genre de connaissances qui doivent le mieux leur servir. Si ceux qu'on destine au barreau, ou à la médecine, ont besoin de s'avancer dans l'étude des langues anciennes ; ceux qui sont réservés au commerce, par exemple, devront s'occuper des sciences physiques et naturelles, des mathématiques, de la chimie, des langues étrangères, principalement de l'anglais et de l'allemand. Un jeune homme qui sait correspondre dans ces deux langues, et qui a une connaissance suffisante des affaires, est assuré de trouver un emploi avantageux.

Les meilleurs moyens d'arriver à une bonne éducation pratique, sont l'attention et le travail. Les livres, les maîtres, les écoles ne sont que des moyens de rendre le travail moins difficile : mais la science ne s'acquiert pas sans travail.

Le jeune homme que ses parents ne destinent pas à une profession libérale ou aux emplois publics, mais simplement aux affaires, perfectionneront le genre d'éducation qui leur est propre plutôt dans un comptoir que dans un collège. Ce n'est pas que nous soyons hostiles à une éducation littéraire ; loin de là, un homme n'est entièrement formé que par l'étude des grands modèles de la littérature, et tel qui sera arrivé à une grande fortune en se mettant de bonne heure dans les affaires, regrettera toute sa vie l'infériorité relative où le placent des études incomplètes. Mais, en général, des études littéraires mal faites seraient avantageusement remplacées par l'entrée de bonne heure dans les comptoirs, où l'on apprend à connaître les hommes et les choses par une pratique journalière, qui manque à celui qui reste toute l'année enfermé dans les murs d'un collège.

Au comptoir, on apprend à être obéissant, soumis et patient, à supporter les reproches sans colère, et les contradictions sans mauvaise humeur. On a l'œil et l'oreille aux aguets ; on sait se retenir d'un mouvement trop prompt, résister à une tentation, réprimer un sentiment de révolte, et s'armer à propos du silence. Le jour est plein de leçons de confiance en soi-même et de domination de soi-même, et le caractère se fortifie sous cette forte discipline. L'éducation d'un comptoir sera utile à tout homme, quelle que soit sa position future dans la vie. A ceux qui auront des propriétés à régir elle enseignera l'habitude des affaires et l'attention aux comptes à ceux qui dirigeront une industrie, elle donnera l'ordre, la disposition utile du temps, l'usage des livres de commerce ; à tous une intelligence plus nette de la pratique des affaires.

Il est très avantageux pour un jeune homme, encore mineur, d'avoir des rapports constants et familiers avec un homme qui a cette pratique, et qui est capable de communiquer ce qu'il en sait. Une foule de notions utiles dans la vie se communiquent par la conversation. Les parents devraient rechercher pour former leurs enfants un homme qui leur donnerait des conseils sur le choix des livres, qui résoudrait leurs doutes, qui dirigerait utilement leurs observations. Il suffirait d'un homme de bon sens et de quelque expérience, sans qu'on exigeât qu'il eût réussi dans ses affaires ; d'abord parce qu'on n'en trouverait pas, dans cette catégorie, qui voulussent se charger de fonctions pareilles, et ensuite parce qu'on a remarqué que ceux qui sont le plus capables de former des plans et de donner des conseils aux autres le sont le moins pour agir par eux-mêmes ; tandis que ceux qui ont réussi n'ont donné qu'une attention momentanée aux moyens, et l'action les a absorbés tout entiers.

Nous dirons à ceux qui ne peuvent se procurer un pareil maître : « Cultivez vos sens, observez avec attention, disciplinez votre esprit, surtout par les mathématiques, faites votre profit de tout fait qui a de la valeur, lisez constamment des livres utiles, et la gloire de votre triomphe sera en proportion des difficultés que vous aurez surmontées. »

Du Choix d'une Profession.

Lorsque les parents n'ont pas fait choix d'une profession pour leur enfant et que les circonstances ne révèlent pas clairement à celui-ci quelle est la voie qu'il doit suivre, c'est à lui qu'incombe ce choix, et cette importante question : Que ferai-je ? se pose devant son esprit avec une force dont il se souviendra toute sa vie.

Qu'on nous permette quelques conseils. Ne cherchez pas ce qui vous convient exactement le mieux ; mais plutôt soyez prêt à saisir l'occasion qui se présente. Les occasions favorables ne se présenteront pas toujours de la manière que vous l'imaginiez. N'importe, ne vous découragez pas pour quelques désagréments actuels, car ils peuvent vous conduire à quelque chose de bon. Adressez-vous ces questions : Dans quel but vais-je faire choix d'un état ? Pour acquérir l'indépendance ? En quoi consiste l'indépendance ? Celui qui peut faire autre chose que ce que la nécessité exige est aussi indépendant que l'homme le plus riche, et généralement il est beaucoup plus heureux. Le commerce conduit bien des gens à l'indépendance.

Dans le choix d'un état, ne laissez pas votre imagination dominer votre jugement. C'est une faculté trop fugitive pour régler le jugement.

Qu'il y ait entre ce qui distingue la profession que vous allez choisir et le trait principal de votre caractère un rapport réel. Si rien dans votre caractère ou votre organisation ne répond à l'occupation essentielle que vous donnera cette profession, vous ne réussirez pas. Il faut au moins posséder une qualité, et souvent plusieurs, pour avoir des chances de succès dans ce qu'on entreprend. Les principales sont la *force physique*, *l'intelligence*, *l'affabilité*, *l'énergie* et *l'esprit d'entreprise*.

La *force physique* est indispensable pour la plupart des états manuels.

L'*intelligence* est une condition de succès non seulement dans les états où l'esprit seul travaille, mais encore dans une foule d'états manuels, où l'ouvrier non intelligent ne réussit jamais qu'à demi.

L'*affabilité* est absolument nécessaire pour celui qui tient une boutique, et elle est de la plus grande utilité dans le commerce de la vie, quelle que soit la position où les circonstances vous placent.

L'*énergie* est indispensable dans les affaires, pour qu'on ne se laisse pas abattre par les difficultés dont elles sont toujours entourées, et l'*esprit d'entreprise* a l'œil sur toutes les voies qui conduisent au succès.

5

DE L'HABITUDE DES AFFAIRES.

Lorsqu'on a fait choix d'un état, et que les études, l'apprentissage qu'il exige sont terminés, on s'adresse une seconde fois une question de la plus haute importance : « Que ferai-je ? Entreprendrai-je les affaires pour mon compte, ou travaillerai-je quelque temps pour un autre qui est déjà établi ? » Il vaudrait mieux s'adresser ces deux autres questions : « Suis-je maître dans mon affaire ? Ai-je l'habitude des affaires ? »

Qu'entend-on par l'habitude des affaires ? Vous saurez si vous avez ou non cette habitude, selon la manière dont vous répondrez à ces questions : « Êtes-vous industrieux ? méthodique ? calculateur ? prudent ? ponctuel ? persévérant ? Si vous possédez ces qualités, vous avez l'habitude des affaires. Ce n'est pas qu'il s'agisse de les posséder dans la perfection, ou seulement par intervalles, mais constamment à un degré suffisant. C'est là ce qui constitue le véritable homme d'affaires, c'est par là que sont arrivés à la fortune des hommes qui n'avaient d'autre capital que cette réunion de qualités à un degré supérieur. Sans elles, ni les capitaux ni les circonstances favorables ne sauvent de la ruine celui qui en est privé.

Nous appellerons proprement *industrie*, l'habitude d'appliquer avec énergie le corps et l'esprit à un emploi utile. L'industrie est le secret des merveilleux résultats obtenus par le travail des hommes, les pyramides d'Égypte et les chemins de fer, entr'autres exemples. La tendance de la matière est vers le repos ; il faut donc vaincre la force d'inertie. Quand il faut faire une chose, elle doit être faite immédiatement, sans vains discours et sans retard. L'exercice répété de la volonté dans ce sens, donnera l'habitude de l'action.

L'*ordre* arrange avec méthode ce que l'industrie a produit. L'homme d'ordre a un poste pour chaque homme, une place pour chaque chose, une case pour chaque papier, et une heure pour chaque occupation. L'homme parfaitement méthodique, en se mettant au lit, laisse ses livres, ses comptes, etc., dans un ordre si clair, que s'il venait à mourir la nuit, tout le monde connaîtrait sans peine l'état de ses affaires.

Le *calcul* est l'âme des affaires. La facilité de calculer donne à celui qui la possède un grand avantage sur celui qui y est moins habile. Il est indispensable de s'y exercer de bonne heure. Mais il ne s'agit pas seulement de calculs d'arithmétique. Bien calculer, c'est savoir distinguer la fausse économie de la véritable économie ; c'est comprendre que la probité est la meilleure politique, et que le fripon est un insensé. Un homme abuse d'une confidence pour commettre une tromperie ; a-t-il bien calculé ? Faisons son compte : au débit, il faut porter la confiance du public perdue, sa famille déshonorée, son bonheur empoisonné, son salut éternel compromis ; d'un autre côté, il faut mettre à son crédit, un avantage temporaire obtenu : la balance est évidemment contre lui.

La *prudence* peut se définir : la sagesse mise en pratique. Sous ce nom de prudence, nous comprenons le soin de parler et d'agir dans le lieu, dans le temps, et de la manière convenable. Elle regarde surtout les actions qu'on a à faire, le moyen, l'ordre, le moment et la méthode de les faire ou de les éviter. C'est montrer une grande prudence que de se placer dans une position faite pour amener ses plans à une issue heureuse, quelles que soient les bases sur lesquelles on les a fondés. Il est toujours prudent, dans les affaires de grande importance, de cacher ses intentions, ou de deviner celles des autres ; il est, en général, prudent de cacher ses mobiles ; les amis seuls doivent avoir la clef de notre cœur. Il est prudent d'éviter de faire des confidences à un étranger ; et dans certaines circonstances désagréables, il est prudent de ne rien faire.

La prudence est le résultat du jugement. Le jugement est une faculté de l'esprit, que Dieu nous a donnée pour arriver à connaître la vérité par le raisonnement, lorsqu'elle n'est pas évidente. On ne supplée pas par l'art au manque total de jugement, mais là où cette faculté existe, elle peut être développée par l'exercice jusqu'à un degré extraordinaire de justesse.

L'*association*, le *mariage*, le *temps où il convient de commencer les affaires*, sont aussi des sujets dignes de réflexion. Voici quelques idées, que nous ne donnons pas comme des vérités démontrées, mais qui méritent attention.

Il convient ou ne convient pas de former une *société*, selon la nature des affaires et leur importance. Il est prudent de prendre un ou plusieurs associés dans une affaire très étendue, qui a besoin d'une grande surveillance, où chacun des associés a son département. Cela est prudent encore, quand l'un fournit ses capitaux, et l'autre ses connaissances, sa valeur personnelle et son activité. Il est prudent pour un commis de prendre un intérêt dans la maison où il travaille depuis longtemps, et il est prudent pour un chef d'accorder un intérêt à un commis qui s'en est montré digne. Mais il est imprudent de prendre un associé dans une petite entreprise, où les deux personnes auraient à conduire la même affaire. Il est imprudent de s'associer avec un homme avide, passionné, entêté, vindicatif, ou engagé dans d'autres affaires. En général, quand un seul suffit à l'œuvre, il ne doit pas prendre d'associé. Qu'on le veuille ou non, on est forcé de donner à cet associé une confiance presque illimitée, et il peut vous entraîner à votre ruine. Et de plus, que de motifs de discussions, de dissentiments, de querelles même, qui peuvent se multiplier à l'infini, si l'on traite avec un caractère difficile, méticuleux, obstiné, emporté !

Se marier est une grande affaire, mais ce n'est point ici le lieu de donner des avis sur un sujet qui peut se présenter sous tant de faces diverses.

L'important est de peser avec mûre réflexion toutes les chances favorables ou défavorables, et de ne se déterminer à contracter mariage, que lorsque les avantages l'emportent sur les inconvénients.

A quelle époque ou à quel âge faut-il commencer les affaires pour son compte ? Voilà une question délicate. Il est imprudent de s'embarquer dans une affaire si l'on n'a pas à peu près le capital modéré qu'elle exige. Il est imprudent pour un jeune homme d'emprunter à un prêteur, sous la garantie de ses amis, pour avoir ce capital modéré. Mais supposez que des amis offrent d'eux-mêmes de prêter à ce jeune homme, qui est bien au courant des affaires, ce capital, il n'y aura pas d'imprudence à l'accepter. L'âge n'a qu'une importance relative, de même que l'expérience ; tel a plus d'expérience à trente ans qu'un autre à quarante. Ce sont les connaissances, plus encore que l'expérience, qui sont utiles. Bien des grands hommes ont fait les œuvres qui les ont rendus glorieux à un âge peu avancé ; mais, en général, ceux qui réussissent le mieux dans les affaires, ce sont ceux qui y font des progrès lents, mais sûrs. Beaucoup d'hommes qui avaient passé vingt ans dans les affaires ont avoué qu'ils étaient excessivement ignorants en commençant, quoiqu'ils se crussent habiles.

Bornons-nous donc à remarquer que celui qui est parvenu à une bonne position ne doit pas l'abandonner pour des motifs légers ; que la tâche d'un employé est plus facile que la tâche de celui qui l'emploie, et que l'honneur de faire des affaires pour son propre compte ne doit pas peser du tout sur la détermination d'un homme sensé.

La *ponctualité* est le pivot des affaires. En théorie, tout le monde reconnaît l'importance de cette qualité, mais tout le monde ne la met pas en pratique. L'homme ponctuel tient ses engagements ; il est exact à l'heure fixée, au payement promis, au travail accepté. La ponctualité est ordinairement unie à d'autres bonnes qualités, et quand elle manque, d'autres habitudes essentielles font aussi défaut. L'absence de plan, des calculs erronés, des promesses imprudentes, exposent fréquemment à manquer de ponctualité.

Les affaires sont en général trop complexes, pour qu'on puisse toujours être ponctuel en tout ; mais il est toujours possible d'épargner aux autres les ennuis d'un manque de ponctualité. Le créancier oblige le débiteur de fixer un terme pour le payement ; si celui-ci prévoit qu'il ne pourra s'acquitter à l'époque fixée, il devra en prévenir son créancier, et lui demander un atermoiement. En agissant ainsi, il conservera la confiance que perdra celui qui attendra le jour de l'échéance pour dire qu'il ne peut pas payer, parce qu'il évitera au créancier le double désagrément de ne pas toucher son argent, et de ne pas pouvoir lui donner l'emploi qu'il lui avait destiné.

La *persévérance* consiste à suivre avec fermeté le plan que l'on a formé, bon ou mauvais ; bien entendu qu'on doit s'arrêter dès que la conscience ou les circonstances démontrent qu'il ne vaut rien. Dans cette vie, où il y a tant de choses à faire, tant de manières de faire la même chose, on ne saurait réussir à rien, si l'on ne met pas une ferme persévérance à poursuivre le but que l'on veut atteindre par la voie que l'on s'est proposée. Il n'y a pas d'emploi si peu important dans la vie qui ne donne au moins des moyens d'existence à celui qui y persiste avec constance et fidélité. En effet, on n'arrive à la fortune que par une diligence infatigable en quelque affaire que ce soit.

Celui qui hésite perpétuellement sur la chose qu'il doit faire la première, ne fait jamais rien. Celui qui prend une résolution, et qui en change à la première instigation d'un ami, qui flotte d'une opinion à une autre opinion, d'un plan à un autre plan, qui tourne comme une girouette au souffle de tous les vents, ne fera jamais rien de grand ni d'utile. Celui-là seul qui a la sagesse pour consulter, la fermeté pour se décider, la persévérance inflexible pour exécuter, sans se troubler des petites difficultés qui abattent une âme plus faible que la sienne, celui-là seul vient à bout de ses entreprises.

Voilà les qualités qui sont renfermées dans cette expression : Habitude des affaires. Ce sont les qualités essentielles, elles sont aussi nécessaires à l'employé et au commis qu'à l'industriel et au négociant, à l'homme des professions libérales qu'à celui qui se livre aux arts mécaniques, à l'homme de génie qu'à l'homme borné. Avec elles, un homme d'une capacité ordinaire peut espérer d'amasser de quoi vivre, et, si les circonstances lui sont favorables, d'arriver à la fortune. Sans elles, l'homme du génie le plus éclatant peut bien s'élever rapidement, et briller pendant un temps, mais il prendra bientôt une fausse voie, et il tombera dans l'oubli.

6

CONNAISSANCE DES LOIS.

Il ne s'agit point ici d'une connaissance approfondie des lois, telle qu'on commence à l'acquérir dans un cours de droit, et qu'on la perfectionne par la pratique des affaires litigieuses ; mais d'une connaissance générale des principales dispositions du Code Napoléon et du Code de Commerce, pour ne parler que de ce qui touche aux affaires. Ainsi, il ne sera pas permis d'ignorer qu'on est majeur à vingt-un ans ; qu'à cette époque on peut contracter, et diriger toutes sortes d'affaires ; que le mariage seul fait exception, et qu'on ne peut se marier avant vingt-cinq ans sans la volonté de ses parents ; qu'un mineur émancipé ou marié peut faire valablement des actes de commerce ; que le père est tuteur de droit de ses enfants ; que la mère l'est aussi de droit, tant qu'elle n'est pas remariée. Il faut savoir distinguer les diverses natures de biens, les immeubles et les meubles, ne pas ignorer ce que c'est que l'usufruit ou les servitudes ; connaître les formes diverses des testaments, les droits qu'on peut avoir aux successions, de quelle portion de ses biens on peut disposer. S'il s'agit de contrats, en connaître les formes et les conditions, distinguer un acte authentique d'un acte sous seing-privé, n'être pas étranger aux diverses dispositions de la loi au sujet des contrats de mariage, de vente, de louage, des obligations, des transactions, des privilèges et des hypothèques. Il faut être instruit de l'organisation de la justice civile, commerciale et criminelle, et des divers degrés de juridiction. Même sans être commerçant, il n'est pas permis d'ignorer ce que c'est qu'une lettre de change ou un billet à ordre, quelle différence il y a entre la faillite et la banqueroute. En fait de lois pénales, il n'est pas inutile de connaître les peines qu'elles infligent pour telle ou telle infraction. Cette longue énumération serait faite pour effrayer un jeune homme qui, sortant du collège, n'aurait jamais entendu parler de toutes les connaissances que nous lui présentons comme à peu près indispensables, mais à peine aura-t-il passé quelques années dans le monde, qu'il apprendra par la conversation seule la plus grande partie des notions que nous venons d'indiquer. Sans s'en douter, il commencera à avoir une teinture des choses qui sont l'objet de la législation, et s'il veut aller plus loin et connaître d'une manière suffisante ces matières vraiment essentielles, il n'aura qu'à lire de temps en temps et par ordre un ou deux chapitres des codes ; et, ce qui est le plus important, toutes les fois qu'il se présentera à lui, soit dans la pratique, soit seulement dans les entretiens, une affaire qui ne peut être résolue que conformément aux lois, il devra chercher l'article qui la régit, y réfléchir pour trouver de lui-même une solution, quand cette affaire offrira quelque doute, et puis savoir comment une personne expérimentée l'a résolue, ou, s'il y a procès, comment le tribunal a décidé. Cet exercice formera de bonne heure le jugement, et celui qui s'y sera habituellement livré aura acquis une supériorité marquée sur les jeunes gens de son âge qui ne se seront occupés que de choses futiles. Nous ferons toutefois une réserve, c'est que cette étude des lois ne doit jamais faire naître l'amour des contestations et des procès. Loin de là, nous parlerons plus tard de leur danger et des moyens de les éviter.

7

AFFAIRES COMMERCIALES.

Du Commerce en général.

Le Commerce est le moyen le plus actif de communication entre les différents peuples ; il ouvre les voies à la civilisation, et en mettant un frein aux idées belliqueuses il prolonge les bienfaits de la paix et augmente la somme des jouissances matérielles. Mais ce n'est pas sous ce point de vue que nous le considérons aujourd'hui ; nous ne voulons nous occuper que du mécanisme intérieur et des ressorts compliqués qui en font une véritable science. Tel négociant qui d'une position très inférieure s'est élevé à une grande fortune, a dû déployer dans les affaires des talents aussi réels que ceux des administrateurs de la chose publique.

L'utilité du commerce, ses résultats avantageux sont unanimement reconnus ; mais, il faut l'avouer, ils ne sont point directement le but que se proposent ceux qui l'exercent, et il faut reconnaître ici l'action de la Providence qui sait faire servir au bien-être de tous les tentatives inspirées par les sentiments d'une ambition personnelle. Ainsi donc l'homme qui entreprend les affaires commerciales ne songe guère qu'à l'amélioration de sa propre existence, et s'il fait naître autour de lui l'aisance et l'amour du travail, il s'en applaudit, mais ces avantages sont pour lui des moyens plutôt qu'une fin. Il existe sans doute d'honorables exceptions, mais elles sont rares, et nous devons signaler les faits tels qu'ils existent. La nature humaine est ainsi faite ; la vertu, le dévouement, l'esprit de sacrifice ne sont le partage que d'un petit nombre d'hommes qu'on admire, mais qu'on imite peu. La récompense à laquelle ils aspirent n'est pas de celles qu'on peut obtenir par les moyens dont nous avons à traiter.

Il s'agit de rechercher quelles sont les qualités du bon négociant, comment il doit organiser son établissement, quelles connaissances il doit posséder, quelle conduite il doit tenir selon les circonstances.

Qualités du bon Commerçant.

L'homme qui se destine au commerce a besoin avant tout de capitaux proportionnés aux affaires qu'il va entreprendre. Possédât-il la capacité la plus vaste, les connaissances les plus solides, sans argent il ne peut réussir, à moins d'événements imprévus, de ces coups de fortune sur lesquels on serait insensé de compter. S'il doit demander tous ses fonds au crédit, le plus clair de ses bénéfices passera dans les mains de ceux qui lui prêteront, et quand viendra une de ces crises qui se renouvellent si souvent de nos jours, il sera forcé de s'arrêter, ou ne résistera qu'au prix des plus vives angoisses. Aux ressources pécuniaires qu'il possédera, viendront se joindre celles qu'il pourra obtenir du crédit, et qui seront d'autant plus étendues qu'il possédera davantage. Mais celles-ci, son plus grand soin doit être de n'en user qu'avec modération, et dans une proportion réglée par son propre capital.

Avant de parler des qualités indispensables au bon négociant, nous devons dire un mot de cette disposition de l'esprit qui porte à acquérir des richesses ; nous nous garderons bien de l'appeler une qualité. Ce désir est inné au cœur de l'homme ; dès l'âge le plus tendre l'enfant cherche à faire sa propriété de tout ce qu'on lui montre ; renfermé dans des bornes modérées, ce sentiment est nécessaire, à la société, poussé à l'extrême il est la cause des plus grands crimes. Chez le négociant, il doit être assez développé pour être un stimulant incessant, qui le tienne aux aguets de toutes les occasions de faire des bénéfices. Celui qui se dira quelquefois : la vie est courte, songeons à la passer paisiblement en nous contentant de peu ; modérons nos désirs, conservons ce que nous possédons, celui-là sera sans doute un citoyen honnête, mais jamais un bon négociant. Si l'on ne se sent pas prêt à lutter contre une concurrence redoutable, à déjouer les trames perfides, à se garder des fourberies, à livrer son bien aux hasards des événements, à penser nuit et jour à ses projets, à braver les éléments, à ne reculer devant aucun genre de travail, on n'est pas négociant, et mieux vaut alors vivre de ses revenus, exempt d'inquiétude, ou de son travail, si les revenus ne suffisent pas.

Dans toute position sociale, la capacité est la première condition exigée, mais pour le négociant il y va de tout autre chose que de son avancement du de sa gloire ; sa fortune entière dépend de sa capacité. Si elle n'est pas au-dessus de l'ordinaire, le hasard pourra le favoriser, mais combien de fois il aura à souffrir de ce qu'il n'aura pas su prévoir et calculer. Une vigilance de tous les instants tiendra son œil ouvert sur tout ce qui peut servir ou nuire à ses intérêts ; pour lui rien d'insignifiant ; ce qui paraîtra à d'autres un vain bruit. Une parole sans conséquence sera pour lui ce son lointain qui annonce l'orage, ce point noir qui fixé à l'horizon est gros d'une tempête, ce souffle léger précurseur du vent qui dissipe les nuages. Dans un mot échappé au hasard, il lira la pensée d'un concurrent ; une rumeur dont les désœuvrés s'occuperont seuls sera pour lui le signe d'un changement prochain dans les événements et peut-être la matière d'une spéculation heureuse. A une intelligence développée, à la promptitude du coup d'œil, doit s'unir la rectitude du jugement, sans laquelle ces qualités pourraient devenir funestes. Une raison calme et solide mûrira les projets que l'intelligence aura conçus ; elle repoussera toutes les illusions, pèsera froidement toutes les chances, et quand l'espoir d'un bénéfice sera fondé sur des probabilités suffisantes, elle se livrera à son entreprise, la conduira avec sagesse, et abandonnera le reste à la fortune, ou plutôt à la Providence.

Outre l'activité et la vigilance intellectuelle qui tiennent l'esprit incessamment occupé, il y a cette activité et cette vigilance du corps, si l'on peut s'exprimer ainsi, qui suivent les travaux des employés, observent toute la machine, voient le moindre rouage qui marche mal. Le chef d'un établissement commercial doit être présent partout ; à toute heure du jour et de la nuit, il faut que ses subordonnés s'attendent à le voir paraître ; sans cela le relâchement gagne bien vite des hommes payés à la journée.

Il est encore une qualité du négociant qui n'est pas moins essentielle que celles dont nous avons parlé, c'est la probité. Si nous ne l'avons pas placée en première ligne, c'est que seule elle ne constitue pas l'homme de commerce. Pour beaucoup d'esprits mal faits et légers, cette vertu n'est bonne que pour le discours, et ne vaut rien dans la pratique. C'est là l'écueil où viennent échouer ces hommes avides qui déshonorent la profession de négociant ; ils croient pouvoir cacher jusqu'à la fin leurs bassesses, mais le jour arrive où elles sont dévoilées, la confiance leur manque, et ils tombent par les moyens même par lesquels ils comptaient s'élever. De nombreux exemples prouveraient la vérité de nos paroles. Au contraire, on voit toujours briller la probité dans les maisons que la fortune semble s'être plu à favoriser. Elles doivent à leur constante loyauté la considération qui les entoure, le crédit moral et matériel qui ne leur fait jamais défaut, la confiance qui leur amène les affaires, enfin cette haute position qui les élève aux yeux de tous. D'autres qualités, mais d'un ordre plus secondaire, sont nécessaires au négociant. C'est avant tout l'esprit d'ordre, qui veille à la clarté des écritures, à l'expédition des affaires journalières, à la régularité des comptes ; l'exactitude et la ponctualité qui ne négligent pas même les plus petits détails ; la discrétion, qui ne divulgue pas les secrets, l'affabilité qui ne repousse pas les hommes, la franchise qui attire leur confiance, l'équité qui rend aux subordonnés la justice qu'ils méritent, la douceur et la politesse qui les attachent.

Des connaissances nécessaires aux commerçants.

Nous pourrions prolonger davantage l'énumération des qualités du bon négociant ; mais il est temps de parler des connaissances qu'il doit avoir acquises. Il en est de deux sortes ; les unes sont indispensables, les autres accessoires. Parmi les premières il faut ranger la grammaire, l'orthographe, en un mot l'art d'écrire en français, l'arithmétique, la tenue des livres, les changes, la géographie ; parmi les secondes, les langues étrangères, la mécanique, la géométrie, le dessin et la levée des plans. Il ne faut pas croire que des études complètes telles qu'on les fait dans les collèges puissent être nuisibles ; loin de là elles servent encore à relever le mérite personnel du commerçant, et en font un homme qui n'est déplacé nulle part. Cependant l'esprit des jeunes gens qui sortent de ces établissements est rarement tourné vers les affaires commerciales et ils ont besoin de passer plusieurs années dans des comptoirs pour acquérir l'habitude des transactions, la connaissance des hommes, et oublier les idées de gloire littéraire qui germent souvent dans ces jeunes têtes.

Choix des Employés.

Le premier soin de l'homme qui entreprend le commerce est de choisir ses employés. Pour des affaires un peu étendues, il faut un teneur de livres, un caissier, des copistes, des jeunes gens chargés des encaissements, de la manutention des marchandises. Plusieurs emplois peuvent être tenus par la même personne, si les occupations sont restreintes. Une maison qui commence a besoin d'employés déjà formés ; les qualités qu'elle doit rechercher en eux sont la moralité, la capacité, le zèle, l'assiduité. A mesure qu'elle vieillira dans les affaires, elle formera elle-même des jeunes gens dont l'intelligence et l'aptitude se feront naturellement connaître d'un chef qui les étudiera pour s'attacher les plus distingués, en excitant leur zèle et leur dévouement, par des procédés bienveillants et des récompenses pécuniaires proportionnées à leur mérite. On trouve beaucoup de négociants qui se plaignent du défaut de bonne volonté et de l'insouciance de leurs subordonnés, mais on ne rencontre pas moins de commis qui reprochent à leurs patrons de ne pas rémunérer suffisamment leur travail et de manquer d'égards envers eux. Assurément il y a du vrai dans ces plaintes, quoiqu'elles soient empreintes d'exagérations. Souvent les chefs sont portés à obtenir le plus de travail au plus bas prix possible, et les commis cherchent à faire la moindre somme de travail possible pour des appointements dont le chiffre est déterminé d'avance. Mais en général l'on rencontre des patrons qui s'empressent de reconnaître les services qu'on leur rend, et des employés en qui le sentiment du devoir est assez développé pour qu'ils ne considèrent que ce qu'ils ont à faire et non ce qui leur reviendra de leur travail ; et les maisons où les choses se passent ainsi tiennent ordinairement le premier rang, tandis que les autres voient leur échapper leurs meilleurs employés.

Les fonctions de caissier n'exigent que de la probité et de la ponctualité ; celles de teneur de livres qu'une minutieuse exactitude, aussi les hommes qui ne se livrent pas à d'autres occupations dans un comptoir deviennent rarement capables de diriger une maison de commerce, il convient d'avoir à la tête de ses commis un homme de confiance, capable, intelligent, connaissant tout le mécanisme de la maison, dévoué à ses intérêts, pouvant remplacer temporairement le chef pendant une absence ; à celui-là revient naturellement une partie de la correspondance, la surveillance générale sur tout ce qui se passe dans l'intérieur de la maison. S'il réunit à ces qualités la plupart de celles qui constituent le négociant, il importe de se l'attacher en l'intéressant aux bénéfices.

Ces auxiliaires étant bien choisis, et leur nombre étant proportionné à l'étendue des affaires, on doit leur fixer les heures de travail. Il est des maisons qui, en exigeant que leurs employés leur consacrent presque tout le temps qui n'est pas destiné aux repas ou au sommeil, s'imaginent obtenir plus de travail avec moins d'individus. Elles sont dans une grande erreur. L'esprit, comme le corps de l'homme, est organisé par la nature de manière à donner sans trop de fatigue une somme de travail, qui varie suivant les individus, mais qui, sauf pour quelques constitutions exceptionnelles, reste comprise, si on la mesure par le temps, entre huit à dix heures par jour. Si l'on en exige davantage on n'obtient pas de résultat réel ; on fatigue à l'excès l'employé consciencieux et l'on apprend aux jeunes gens l'art de faire durer l'ouvrage. Le travail d'un comptoir n'est pas le même que celui d'un atelier ; quelquefois les affaires seront pressantes, il faudra donner un coup de collier, et prolonger les heures de travail ; c'est alors qu'on connaît le prix des hommes habitués à mener leur besogne rondement. Souvent il y aura peu d'occupation, et alors à quoi bon exiger onze ou douze heures de présence là où six seraient suffisantes. Mais, dira-t-on, on empêche ainsi les jeunes gens de perdre leur temps dans de mauvaises sociétés ; c'est une erreur : ceux qui ont de mauvaises inclinations, dérobent au sommeil pour s'y livrer les heures qu'ils donnent le plus à l'ouvrage, et les hommes mariés et les jeunes gens honnêtes n'ont presque pas un instant à donner à leurs familles. Ainsi de quatre à cinq heures le matin, de quatre à cinq l'après-midi, voilà la mesure modérée qu'on peut sans inconvénient augmenter de deux ou trois heures dans les occasions pressantes. Il faut observer que nous ne parlons ici que du travail de bureau, où l'esprit est dans une tension constante, et qui n'a pas de rapport avec le travail qui ne fatigue ni la tête ni le corps, comme celui du pliage des étoffes, de la vente au détail, et autres de ce genre qu'on peut prolonger davantage.

Des Ecritures de Commerce.

L'ordre étant de stricte nécessité dans la comptabilité commerciale, nous allons dire quelques mots de la manière d'en tenir les écritures. Aucune opération, quelque minime qu'elle soit, ne doit passer sans laisser de traces. Les livres en usage se divisent en livres principaux, et livres auxiliaires. Les livres principaux sont :

Le livre de Copie des lettres, où toutes les lettres qu'on écrit sont textuellement enregistrées ;

Le Livre-Journal où toutes les opérations sont sommairement consignées jour par jour. Ces deux livres sont obligatoires, d'après le Code de Commerce.

Le Grand-Livre, où les écritures du Journal sont rapportées, de manière à faire connaître d'un seul coup-d'œil la position où l'on se trouve avec ses divers correspondants, le mouvement des affaires dans telle ou telle branche du commerce, l'état des sommes qu'on doit ou qui sont dues, enfin, lors des inventaires, les bénéfices ou les pertes.

Les écritures qu'on ne passe que sommairement dans les livres principaux sont détaillées dans les livres auxiliaires, qui sont plus ou moins nombreux suivant le genre d'affaires, mais qui peuvent se réduire à ceux-ci :

Le livre de Caisse, indiquant jour par jour toutes les sommes qu'on reçoit ou qu'on paie.

Le livre des Lettres et Billets ou *Traites et Remises*, où sont enregistrés tous les effets de commerce qu'on reçoit ou qu'on crée ; auquel on peut joindre un *livre d'échéances*, indiquant les effets à payer ou à recevoir ;

Le livre d'entrée, où sont enregistrées les factures de toutes les marchandises qu'on achète ;

Le livre de sortie, contenant les factures et les comptes de toutes les marchandises que l'on vend ;

Le livre d'expédition, ou copie des lettres de voiture des marchandises qu'on expédie au-dehors ;

Le livre des comptes courants, pour garder la copie des comptes courants qu'on remet à diverses époques de l'année, principalement lors des inventaires ;

Les livres de marchandises, contenant numéro par numéro, tout ce qui entre en magasin, avec la qualité, le poids, la tare, la date de l'entrée et celle de la sortie.

Les autres livres accessoires varient suivant là nature du commerce.

Les lettres qu'on reçoit sont soigneusement cotées, c'est-à-dire qu'elles portent la date du jour où elles sont écrites, celle de leur réception, et celle du jour où on leur répond. Elles sont ensuite placées dans des cases mois par mois, ou par ordre alphabétique des correspondants, et au bout de l'année on en fait des liasses et on les place dans un lieu où elles puissent être facilement consultées.

Il est important d'avoir une place pour chaque chose et de mettre chaque chose à sa place.

La date doit toujours indiquer l'année, le mois et le jour ; autrement elle est incomplète.

Des Effets de Commerce.

La personne qui entreprend un commerce a rarement tout son argent disponible ; une partie de ses fonds consiste ordinairement en lettres de change ou autres effets négociables. Nous allons dire un mot de ces valeurs et des moyens de les échanger contre de l'argent. La lettre de change est un acte par lequel une personne domiciliée dans une ville prie une autre personne domiciliée dans une autre ville de payer une somme à une troisième personne ou à l'ordre de cette troisième personne. La première personne s'appelle le tireur de la lettre de change, la deuxième le tiré, et la troisième ou celle à qui la troisième cède l'effet, les porteurs d'ordre ou endosseurs. Le tiré doit accepter la lettre de change et s'appelle alors accepteur. Le Code de Commerce et les autres ouvrages sur la matière donnent à ce sujet tous les détails nécessaires.

Le *Mandat* de change, est une espèce de lettre de change qui n'est pas susceptible d'acceptation, et qui n'est autre chose qu'une espèce de *Billet à Ordre* ; avec cette différence que le Billet est payable dans la ville d'où il est tiré, et le mandat dans une ville différente.

Les Banquiers sont des négociants dont le commerce consiste à donner de l'argent contre les effets qu'on leur présente, moyennant une prime qu'on appelle escompte. Quelquefois l'escompte ne dépasse pas le taux de l'intérêt et varie de quatre à six pour cent ; souvent, lorsqu'il y a rareté de numéraire, le banquier prend en sus de l'intérêt un tant pour cent qu'on appelle perte au change ou simplement change. Ces opérations se font par l'intermédiaire de courtiers ou agents de change, qui prélèvent pour leur peine une commission qui varie de un dixième à un huitième pour cent suivant les pays.

Un négociant soigneux de son crédit doit chercher à toujours faire son papier, c'est-à-dire négocier ses valeurs en portefeuille, au meilleur cours de la place, non dans le but d'économiser quelques francs sur la perte au change, mais pour ne pas paraître trop pressé d'argent en consentant à payer un escompte plus élevé. Nous reviendrons là-dessus quand nous parlerons du crédit en général.

Il arrive quelquefois que l'escompte est plus élevé sur la place où l'on est que sur une place voisine ; alors on y envoie ses valeurs et l'on reçoit en retour des espèces ou des effets sur sa propre ville. Pour qu'il y ait avantage à faire venir des espèces, il faut que la différence de l'escompte soit assez grande pour couvrir les frais du transport et les chances de route. Souvent on est forcé d'employer ce moyen, faute de banquier dans la ville où l'on fait son commerce.

8

DES OPÉRATIONS COMMERCIALES.

Des Achats de Marchandises.

Telles sont les préliminaires de tout établissement commercial avant qu'on se livre à une opération importante. La matière du commerce en général étant l'achat et la revente des marchandises, nous ne parlerons pas ici de leur fabrication. L'art de savoir acheter est peut-être ce qui constitue le plus essentiellement le vrai négociant, car c'est là où il agit le plus librement, sans être influencé par les circonstances qui peuvent le forcer à vendre, telles que les besoins d'argent, la détérioration des marchandises, la crainte d'une crise politique.

Il est inutile de dire qu'il faut bien connaître la qualité des marchandises qu'on veut acheter ; nous avons supposé que le négociant avait toutes les connaissances nécessaires. L'art de saisir le moment favorable aux achats est chose précieuse. On voit beaucoup de négociants se hâter de commencer leurs achats lorsqu'une marchandise commence à paraître sur le marché ; les uns semblent craindre d'en manquer et en font provision à l'avance ; les autres, ayant des provisions anciennes qu'ils veulent écouler avec avantage et facilité, poussent à la hausse, et y parviennent aisément, car les quantités sont restreintes à cette époque et il est facile alors de les accaparer. Plus tard d'autres mettent la main à l'œuvre et soutiennent ainsi l'article, mais il arrive un moment où les plus pressés ont fait leurs approvisionnements et s'arrêtent ; la suspension des achats pendant quelques jours finit par amener un peu de baisse, parce qu'il y a toujours des gens pressés de vendre. C'est alors qu'on doit acheter ; on trouve des vendeurs moins fiers, des marchandises plus abondantes sur lesquelles on peut mieux choisir. Si l'on remarque que les achats qu'on a faits trouvent, comme c'est l'usage, des imitateurs, et que leur empressement rende les vendeurs plus tenaces, on s'arrête, et l'on attend une meilleure occasion ; il est rare qu'elle ne se présente pas de nouveau. Cette règle souffre des exceptions ; car on est quelquefois obligé d'acheter pour remplir des engagements ; alors il faut se mettre en mesure pour livrer aux époques convenues. Lorsqu'on contracte de pareils marchés, il faut se réserver toujours une marge suffisante soit dans les prix, soit dans les époques des livraisons, pour rester libre de choisir l'instant favorable. Quelquefois la récolte manque, et il devient indispensable de s'assurer de quelques provisions ; alors les prix s'élèvent forcément et il ne convient d'y souscrire, que lorsqu'on est à peu près assuré du placement des marchandises. Dans d'autres circonstances, une récolte très abondante fait baisser les prix au-dessous de l'ordinaire ; alors la spéculation s'empare de l'article, et comme tous ces négociants par occasion n'ont pas de débouché assuré, on peut s'attendre à les voir après quelque temps offrir leurs provisions aux personnes qui se livrent habituellement au commerce ; leur empressement maintient les prix bas, même lorsque la cause a cessé ; l'abondance d'une récolte influe ainsi sur les prix de la suivante, et il n'est pas prudent de se laisser entraîner par l'abaissement des cours à faire des provisions trop abondantes dont on ne pourrait se défaire qu'après un long espace de temps, pendant lequel l'intérêt de l'argent et la perte au poids dévorent souvent les bénéfices. Dans cette année de grande abondance, il ne faut donc acheter que ce qu'on est à peu près certain de vendre. Mais l'année suivante, où les prix sont encore bas, sera probablement suivie d'une troisième année où la récolte sera moindre, parce que les bas prix auront engagé les possesseurs des terres à cultiver d'autres produits. Alors, si les affaires politiques ne sont pas trop embrouillées, s'il n'y a pas de crise commerciale, ou si l'on est en position de n'en avoir rien à craindre, on peut acheter largement et un bénéfice est à peu près assuré.

Voilà la conduite à tenir dans les circonstances ordinaires, quand règnent au dehors la paix générale, le calme à l'intérieur ; lorsque le commerce n'est pas bouleversé par ces crises redoutables qui détruisent les fortunes et répandent partout la méfiance et la frayeur. Malheureusement ces époques favorables ne sont pas de longue durée, et le négociant doit souvent conduire sa barque dans une mer semée d'écueils. C'est alors qu'il a besoin de ne pas s'avancer sans avoir sondé toutes les difficultés, sans avoir calculé les chances qu'une guerre plus ou moins prochaine peut donner à la hausse ou à la baisse des marchandises, sans avoir prévu les resserrements du crédit et cherché les moyens d'y parer. Une correspondance active doit le tenir au courant de tout ce qui se passe partout où il a des relations ; il a besoin de suivre les événements politiques, d'en juger la portée, et de ne prendre de détermination qu'après avoir mûrement pesé toutes les probabilités. C'est alors que se manifesteront les qualités dont il doit être doué ; et tandis qu'il verra ses concurrents se fourvoyer autour de lui, il arrivera à son but, et avancera sa fortune dans des circonstances ou d'autres perdront la leur.

Il sera toujours prudent de ne pas faire ses achats tout d'un coup, en y employant tous ses fonds, surtout lorsque les prix sont élevés. Souvent une occasion inattendue se présente de faire un bon marché, qui vient diminuer le prix moyen du tout. On ne saurait croire combien il importe de ne pas se laisser aller à payer un peu plus cher, dans l'espoir que le bénéfice couvrira cette différence. Le premier bénéfice est d'obtenir, s'il se peut, meilleur marché que ses concurrents, ne fût-ce que pour une légère somme ; c'est un premier avantage qu'on a sur eux à la vente. Cela est vrai surtout pour le négociant qui fait de grandes affaires : une économie d'un pour cent est minime pour celui qui ne fait que cent mille francs d'affaires, elle est grande pour celui qui en fait des millions.

Quoiqu'il soit toujours avantageux de n'acheter que de la belle marchandise, il est des circonstances où il est permis de n'être pas si sévère. C'est lorsqu'on en achète des masses ou lorsque la différence de prix entre la belle marchandise et l'ordinaire est très grande. Dans ce dernier cas, il faut prévoir que celui à qui on la vendra sera plus disposé à se laisser séduire par le bas prix que par la belle qualité. Dans le premier cas, comme il n'est pas possible de faire tout par soi-même, et qu'on est obligé de se servir d'intermédiaires, on doit être assuré d'avance qu'ils seront plus coulants que vous, et que pour rendre leurs achats plus faciles, ils ne balanceront pas de payer pour de la marchandise ordinaire le prix que vous ne vouliez mettre qu'à la belle. C'est donc une règle générale de donner les limites en les basant sur le cours de la marchandise ordinaire, et même avec une légère diminution ; on peut être assuré que dans des moments de calme, on aura au même prix ce qu'il y a de plus beau. Nous reviendrons là dessus en parlant des courtiers de campagne.

Les achats faits, on doit s'occuper de faire arriver la marchandise dans ses magasins pour la préparer pour la vente. Le conditionnement en sera fait avec soin, de manière à prévenir toute avarie, et en se conformant aux usages reçus pour les tares, emballages, etc. L'aspect des tonneaux, balles, etc. ne doit pas présenter de différence essentielle avec ceux des concurrents ; si leur apparence était inaccoutumée, on ferait naître inévitablement des préventions dans l'esprit routinier des acheteurs, soit sur l'origine, soit sur la qualité de la marchandise, et le débit en serait moins prompt. On ne saurait croire combien ces accessoires, qui ne changent en rien la valeur d'un objet, ont cependant d'influence sur le jugement qu'on en porte. La plupart des industriels ont bien compris cette faiblesse, et nous-mêmes nous sommes chaque jour les dupes d'une riche enveloppe, ou d'une fastueuse annonce. Le charlatanisme qui les emploie fonde son succès sur cette idée qui naît naturellement dans l'esprit, qu'on ne prodiguerait pas l'accessoire si le principal n'avait pas une grande valeur, idée vraie au fond et qui doit engager à ne jamais négliger le conditionnement de sa marchandise.

Des Ventes.

Il faut maintenant songer aux ventes. Il est rare qu'on trouve à vendre ses marchandises sur la place où l'on a son établissement commercial. Il faut donc les expédier au dehors. Bien choisir ses débouchés n'est pas chose facile ; l'expérience et le coup d'œil viendront en aide au négociant habile. D'avance il aura cherché à connaître par sa correspondance quels sont les approvisionnements dans les lieux de consommation, à savoir où les prix sont les plus avantageux. Il évitera de faire des expéditions là où il y a du trop plein, à moins qu'il ne prévoie un redoublement d'activité. Quelquefois il ne craindra pas d'envoyer ses marchandises là où il semble au premier abord qu'elles ne trouveront que de mauvais prix ; mais par ce motif même ses concurrents seront dégoûtés d'y en diriger, et la rareté se faisant sentir, plus tard les prix devront s'élever. Lorsqu'il sera assuré qu'un pays lointain est d'ordinaire favorable à la vente, il y entretiendra un approvisionnement constant, parce que les avis de besoins n'arrivant qu'après de longs délais, il ne pourrait expédier ses marchandises assez tôt pour les remplir. Dans ces contrées éloignées, les prix se soutiennent en général avec peu de variations, la hausse et la baisse des pays de production s'y font peu sentir, et l'on n'y obtient de bons résultats qu'en y faisant des affaires suivies.

Des Expéditions.

Les divers moyens de transports sont les routes de terre, les chemins de fer, les canaux, la navigation ordinaire ou à vapeur sur les rivières et la mer. La navigation ordinaire est de toutes les voies la moins coûteuse et doit être employée toutes les fois que les marchandises ne sont pas assez chères pour supporter un haut prix de voiture ; mais comme elle est la plus lente, on est obligé de recourir aux autres moyens de communication quand on est pressé. Dans les expéditions par mer, il faut savoir quels sont les pavillons admis à porter telle marchandise dans tels pays, quels sont les navires qui marchent le mieux, ou le plus sûrement, ou au plus bas fret. Les commissionnaires chargeurs sont les intermédiaires des transports ; ils s'occupent, ceux de terre à recevoir et à réexpédier les marchandises, ceux des ports de mer à les faire charger sur les navires. Le capitaine délivre un connaissement des marchandises mises sur son bord ; le connaissement énonce les numéros et les poids, la qualité déclarée de la marchandise, le port de départ, celui de destination, le fret. Le fret comprend un prix par tonneau variable suivant le pays et les circonstances, plus un tant pour cent en sus pour divers frais, et ensuite un prix fixe par tonneau pour gratification au capitaine. Le tonneau français est de mille kilogrammes ; celui de diverses autres nations est de vingt quintaux. La marchandise étant embarquée, on la fait assurer moyennant une prime variable ; il est mieux de la faire assurer dans le pays pour lequel elle est destinée ; en cas d'avarie, les assureurs se trouvant sur le même lieu que la marchandise, élèvent moins de difficultés et exigent moins de formalités. Il convient de faire assurer la marchandise pour un prix un peu plus élevé que celui d'achat, pour couvrir des faux frais, que les assurances ne remboursent pas. La loi française défend de faire assurer le bénéfice présumé, les lois étrangères le permettent.

Des Commissionnaires.

Le négociant ne pouvant s'occuper en personne de la vente sur les autres places que la sienne a donc besoin d'intermédiaires, ce sont des commissionnaires, des agents, des voyageurs ou des associés. Nous allons examiner les avantages et les inconvénients de ces divers modes.

Les commissionnaires, dont le ministère est le moyen le plus généralement employé pour la vente des marchandises, sont des négociants qui font le commerce sans marchandises à eux. Ils reçoivent en consignation les marchandises qu'on leur adresse, et s'occupent de la vendre aux consommateurs, moyennant une commission que le vendeur leur alloue sur le montant brut ou net de la vente. Ordinairement ils sont garants du paiement, et ils prélèvent pour cette garantie une autre commission qu'on appelle *Ducroire*. De plus, comme leur garantie serait souvent illusoire, s'ils ne payaient pas eux-mêmes comptant, il est prudent de l'exiger d'eux, et alors ils prélèvent l'escompte qui est généralement basé sur le taux légal le plus élevé de l'intérêt. Outre ces diverses commissions, dont le chiffre est passablement fort, ils comptent leurs frais de réception, de pesage, de mise en magasin, de magasinage, d'assurance, de pesage à la sortie, de conditionnement, de réexpédition, et dans le cas où les marchandises sortiraient de leurs mains sans avoir été vendues, ils prélèvent encore une commission de passage. Tous ces frais sont calculés de manière à ce qu'ils ne puissent jamais y perdre, mais plutôt à ce qu'ils y trouvent du bénéfice ; ils ajoutent aussi l'intérêt de tous ces frais. On voit que le plus clair des profits, est absorbé par ces commissions, et l'on doit en tenir un compte exact, quand, en achetant, on calcule les probabilités des prix de vente.

Mais là ne se borne pas le ministère des commissionnaires, qui ne trouveraient qu'un bénéfice modéré dans ce genre d'affaires. Il y a des maisons, et elles sont nombreuses, qui ne calculent pas assez leurs moyens et étendent leur commerce au-delà de ce que le permettent leurs propres ressources. Que font-elles ? elles adressent leurs marchandises à des commissionnaires, qui leur avancent le tiers, la moitié et quelquefois les deux tiers de leur valeur. Devenus les débiteurs des commissionnaires chargés de vendre leurs marchandises, elles cessent d'avoir leur entière liberté d'action. Il faut donc que les maisons soient bien sûres de la loyauté de ces intermédiaires, qui, s'ils n'étaient pas dignes de la confiance que l'on a placée en eux, auraient les plus grandes facilités pour en abuser.

Des Agents ou Représentants.

Pour éviter les inconvénients possibles, on a recours à des agents ou représentants sur les lieux de consommation. Ils se chargent d'aller solliciter les fabricants, de recevoir leurs ordres, de leur livrer la marchandise, de régler les comptes avec eux. Pour toutes ces démarches on leur alloue une commission sur le montant des ventes, et on leur paie tous leurs déboursés. Il résulte de ce mode que l'agent étant ordinairement un homme de peu de fortune, n'a d'autre intérêt que de faire des placements nombreux pour élever le chiffre de sa commission ; mais cet intérêt même le pousse à demander des limites basses pour faciliter les ventes, et par là il est tenté de dissimuler le véritable état des choses ; de plus, n'étant point garant des débiteurs, il peut se laisser entraîner à faire des ventes à des maisons douteuses. On peut parer à ce dernier inconvénient en ayant une maison qui consent à garantir les débiteurs, en escomptant leurs règlements ; l'agent serait alors obligé de ne vendre qu'aux personnes que cette maison jugerait assez solvables.

Des Voyageurs.

Outre les agents qui sont à poste fixe sur les lieux de consommation, on a des voyageurs, qui vont de place en place recueillir des ordres. Les uns sont payés tant pour cent sur les ventes, et ne sont que des agents ambulants, les autres des employés de la maison qui les envoie, à appointements fixes. Ceux-ci sont plus dévoués, mais ont moins de connaissance du pays.

Ils doivent faire tout ce qui est en leur pouvoir pour inspirer aux consommateurs la confiance et une haute idée de leur maison. Leur langage sera poli, réservé, éloigné de tout charlatanisme, ne promettant que ce qu'il peut tenir, tenant tout ce qu'il a promis ; ils éviteront de parler mal des concurrents, c'est un mauvais moyen pour réussir. Avant de se présenter pour la première fois chez un négociant, ils auront pris tous les renseignements nécessaires ; ils s'éloigneront de tout chicaneur, de tout homme qui fait traîner ses payements ; enfin ils auront les intérêts de leur chef aussi à cœur que les leurs propres.

Il sera quelquefois à propos que le chef d'une maison de commerce, surtout dans les commencements, fasse lui-même des voyages pour établir de bonnes relations. C'est ce qu'il y a de plus essentiel et qui contribue le plus au succès. Faute de correspondants dévoués et intelligents, on peut laisser échapper les occasions les plus favorables de faire des bénéfices, ou s'exposer à des chances assurées de pertes. Nul mieux qu'un chef de maison ne peut apprécier la valeur personnelle des hommes avec qui il veut se lier. Il faut qu'il les juge par lui-même, et non sur les rapports d'un voyageur, dont le jugement pourrait s'égarer, ou qui peut être ne transmettrait pas ses impressions d'une manière assez claire et assez précise pour qu'on pût asseoir une opinion suffisamment fondée.

Des Comptes en participation.

Si nous insistons tant sur la nécessité de former de bonnes relations, c'est que c'est là que se trouva le seul moyen de ne pas dépendre des commissionnaires. Lorsque l'on est lié dans une ville avec une maison solide, probe, active, intelligente, on peut établir avec elle des comptes en participation pour l'achat et la vente des marchandises. La maison qui est sur les lieux de production fait les achats aux plus bas prix possibles, y ajoute tous ses frais, sans exiger aucune commission, et expédie les marchandises à la maison intéressée. Celle-ci les reçoit, les emmagasine, s'occupe de les placer, et les vend elle aussi sans prendre de commission. Cette union entre deux maisons loyales est également avantageuse pour les deux parties, elles ont un intérêt pareil à bien acheter et à bien vendre, et le résultat doit être profitable. Quelquefois la maison chargée des achats, pour écarter les plus légers soupçons, se charge de les faire à forfait, ou offre en participation des marchandises qu'elle possède déjà. Les deux maisons ont alors une base d'opérations fixes ; elles connaissent le coût exact de la marchandise, elles sont mieux que personne informées des probabilités de ventes, et ayant sur leurs concurrents l'avantage de ne point payer de commission, elles l'emportent plus aisément sur eux.

Des Sociétés de commerce.

Ces affaires en participation nous conduisent à parler des sociétés de commerce. Il est rare de trouver réunis dans une seule personne les talents qu'exige cet état et une fortune suffisante pour l'exercer. L'homme qui se sent porté aux affaires par ses goûts, ses moyens, et qui ne possède que peu ou point de fortune, cherche un capitaliste qui ait assez de confiance en lui pour confier à sa gestion une partie de son argent ; ils forment une société en commandite, où le capitaliste n'expose que la somme qu'il met dans le commerce de son associé, et où celui-ci s'engage à lui payer, outre l'intérêt de cette somme, une portion convenue des bénéfices. Le nom du commanditaire ne figure pas dans la raison sociale, et la gestion des affaires lui est interdite par la loi sous peine de devenir responsable de toutes les dettes de la société.

Souvent la société se forme de deux ou plusieurs personnes qui, isolées, n'ont ni tous les talents, ni toutes les ressources nécessaires, et qui réunies les possèdent à un degré suffisant. Pour suppléer à cette unité si utile dans la direction des affaires, il importe que la haute main soit laissée à un d'entr'eux, au plus capable, et que les autres l'aident de leur travail et de leurs avis. Si chacun veut diriger les affaires, il en résultera des tiraillements qui entraveront les opérations, et amèneront tôt ou tard la dissolution de la société.

Il est bien rare de rencontrer des associés parfaitement unis de vues, ayant les uns pour les autres une confiance illimitée, ne recherchant d'autre but que l'intérêt commun. Une maison de commerce où l'on trouve toutes ces conditions, a tous les avantages d'une maison dirigée par un seul, et a de plus celui de n'être pas éteinte, ou suspendue, ou désorganisée par la mort, la maladie ou l'absence du chef.

De la Correspondance commerciale.

C'est ordinairement le chef principal qui s'occupe de la correspondance, surtout pour les opérations importantes ; on confie aux coassociés ou à des commis les lettres qui traitent de détails. La correspondance d'un négociant doit être claire, précise ; elle doit dire tout ce qui est essentiel, omettre tout ce qui est inutile ; exprimer, quand il s'agit de la conclusion d'un marché, toutes les conditions, sans rien sous-entendre ; si l'on fait connaître son opinion sur l'avenir des affaires, en exprimer simplement les motifs, et ne pas vouloir paraître assuré de ce qui doit arriver ; ne dire jamais que la vérité, c'est le moyen de ne pas tomber en contradiction avec soi-même ; si l'on croit devoir cacher quelque chose, le passer sous silence, sans induire en erreur son correspondant par des paroles ambiguës, la probité le défend ; il faut être poli, et non obséquieux. Lorsqu'on reçoit une lettre importante, il faut écrire sur-le-champ sa réponse, pendant que l'on est encore sous l'impression de la première lecture, mais en suspendre le départ jusqu'à ce qu'on ait mûrement réfléchi ; la nuit porte conseil. Une lettre blessante arrive-t-elle, la laisser sans réponse ou rappeler simplement les faits sans récrimination. S'il faut relever une injustice, éviter tous les termes qui blesseraient, et cesser tous rapports avec ceux qui vous font du tort, après leur avoir fait connaître qu'on n'était pas leur dupe ; en appeler aux tribunaux ou à des arbitres, sans écrire des paroles irritantes et inutiles. Avec les banquiers, il faut être bref ; des chiffres et pas de phrases ; le chef doit écrire lui-même, il prouve ainsi à des hommes qui sont toujours sur le qui vive, qu'il mène lui-même sa barque, et ne s'en rapporte pas à des commis. Avec les consommateurs, la politesse est de rigueur ; il en est qui se formalisent d'une trop grande concision et d'un manque de formes. Aux voyageurs, aux agents, aux commissionnaires, il faut des instructions plus détaillées, une exposition claire de la position des affaires.

On écrit souvent des lettres particulières, soit pour demander des renseignements, soit pour en fournir, soit pour faire part d'un événement, d'un bruit important ; ces lettres ne s'adressent qu'à des maisons de confiance. On doit être très réservé dans les renseignements, dans les nouvelles que l'on donne, ne garantir que ce dont on a la certitude complète, ne pas parler de ce qui est douteux, et surtout de ce qui peut détruire la réputation ou le crédit d'un négociant.

Rapports avec les Banquiers. — Du Crédit.

Les rapports avec les banquiers sont très délicats. Obligés de livrer leur argent en échange de papiers ou même à découvert, ils sont incessamment aux aguets, pour s'assurer de la valeur des signatures qu'ils reçoivent. Demandes de renseignements, observation attentive de la manière de travailler de chaque maison, conjectures tirées de la solvabilité des correspondants de ces maisons, de la fréquence de leurs demandes de fonds, de la conduite privée, etc. Rien n'est négligé pour connaître le plus exactement possible la position de chacun. Lors donc qu'on est dans le cas d'user du crédit, il faut le ménager pour qu'il ne vous fasse pas défaut au moment le plus essentiel. Il n'est pas prudent de se servir de tout celui qu'on peut obtenir, parce que sitôt qu'une crise arrive, et elles sont malheureusement fréquentes, l'argent se resserre, et si quelque embarras se manifeste dans une maison ; le crédit se ferme tout à fait pour elle, et elle est obligée de s'arrêter même en étant au-dessus de ses affaires. Pour se conserver la confiance des gens qui prêtent leur argent, il ne faut pas être soi-même trop confiant ; on s'éloigne des négociants qui se trouvent fréquemment exposés à des faillites ou pour de trop fortes sommes. Dans vos dépenses privées, restez plutôt au-dessous de vos moyens ; bien des gens qui ont besoin du crédit, s'imaginent de l'attirer par un faste destiné à faire supposer que leur fortune est considérable ; erreur qui finit toujours par la ruine de celui qui s'y livre. Proportionnez le crédit dont vous userez à l'importance de votre capital, de manière à pouvoir faire face par vos propres ressources aux chances fâcheuses qui se présenteront. Si l'on vous voit, dans les moments critiques, soutenir votre position sans vous servir des capitaux d'autrui, la confiance se rétablira bientôt.

Agissez vous-même à l'égard de vos correspondants, comme on se conduit au vôtre. Redoutez de vous livrer aux maisons qui font traîner les payements ; elles finissent ordinairement mal ; cette lenteur est un signe de gêne chez elles ou de mauvaise direction. Fuyez aussi celles dont la bonne foi est suspecte, ou l'incapacité notoire. Que l'appât du bénéfice ne vous fasse jamais négliger ces salutaires précautions.

9

DU PETIT COMMERCE.

Si la connaissance de la marchandise est de la plus haute importance pour le négociant, elle est absolument indispensable au petit marchand. A la rigueur le premier pourrait se passer de connaître à fond matériellement les articles dont il trafiquera, quand il aura des employés versés dans ces matières qui le seconderont, tandis que le second, presque toujours obligé de faire tout par lui-même, ne saurait réussir s'il ignore les détails et les ressources du métier qu'il va exercer. Cette connaissance ne s'acquiert que par un apprentissage. Il est donc imprudent de prendre la suite d'un commerce ou d'une industrie, quelque florissant qu'il soit entre les mains de celui qui le cède, si l'on n'a pas déjà une certaine habitude de ce genre d'affaires. Si cette habitude manque, on est gravement exposé à voir dépérir entre ses mains une affaire qui marchait bien, de quelque intelligence que l'on soit doué, avant d'avoir acquis l'expérience indispensable pour la soutenir.

Le commerce, grand et petit, ne s'enseigne pas comme les lettres et les sciences ; les cours qu'on a tentés d'en faire n'ont pas formé un seul bon commerçant, parce que ici la théorie n'est rien sans la pratique. Dans les écoles professionnelles, on pourra apprendre le calcul, la tenue des livres, les langues étrangères, la mécanique, etc. ; ce sont là d'excellents instruments pour exercer le commerce, mais ce n'est pas le commerce lui-même. Les études commerciales ne peuvent se faire que chez un négociant, pour le haut commerce, chez un marchand pour le petit. Celui qui étudie la science mercantile est forcé de compter principalement sur sa propre sagacité. Il ne doit donc jamais oublier qu'il a deux yeux, deux oreilles, et une langue, et qu'il doit s'en servir, il doit être continuellement aux aguets pour saisir au passage les idées qui le guideront dans ce labyrinthe où tant s'égarent, et d'où ne sort que le petit nombre.

Connaissance de la valeur des Marchandises.

Ceci est ce qu'il faut s'efforcer d'acquérir à un haut degré. L'homme qui possède cette connaissance est juste envers ses clients et envers lui-même ; il évite de tromper et d'être trompé. Ce défaut, qu'il ne pourra cacher, l'exposera à souffrir dans sa réputation, et à échouer dans ses entreprises. Un vendeur habile aura bientôt découvert le faible de son acheteur, et presque toujours il ne se fera pas faute d'en tirer profit. Alors celui qui aura acheté sa marchandise sans la connaître suffisamment vendra un article inférieur pour un bon, et il est sûr qu'il ne tardera pas à perdre son renom et sa clientèle. C'est seulement quand on est jeune que l'on peut acquérir à fond ces connaissances. Presque toujours il vaut mieux faire ce genre d'apprentissage dans une maison de détail, que dans une maison de gros ; parce que dans le magasin en gros, l'acheteur prend ou laisse la marchandise sans en dire le motif, tandis que dans le magasin de détail, la pratique qui est souvent une femme est plus loquace ; et puis elle veut essayer, et si la marchandise n'a pas donné ce qu'elle attendait, elle ne craint pas de la retourner. D'ailleurs, chacun des habitués d'une boutique fait ses observations, et un jeune homme qui a le désir de s'instruire en profite. Il connaît le coût de la matière en premières mains, il voit ce qu'on y gagne ou ce qu'on y perd, et il cherche les raisons de ces différences, et s'il a du jugement, il voit où l'affaire cloche.

Du Capital.

Il faut avoir en propre une partie notable de l'argent nécessaire pour s'établir, et ne pas vouloir créer une affaire disproportionnée par son étendue avec le capital dont on dispose. Il est vrai que la plupart de ceux qui ont fait fortune ont commencé à travailler avec de l'argent prêté, mais c'était pour un long terme, l'intention des prêteurs avait été d'attendre d'être remboursé avec les bénéfices, et non pas avec le produit des premières marchandises vendues. Si l'on obtient de l'argent à ces conditions favorables, il n'y a pas d'imprudence à s'en servir pour entreprendre un commerce qui a des chances raisonnables de succès.

Du Magasin.

Il doit être placé dans le même quartier que les autres magasins du même état. C'est une grande erreur de se placer là où il n'y a pas d'autres gens du même métier. Les bonnes pratiques font leurs achats, là où sont les bons magasins, et on gagnera à être près les uns des autres. La concurrence loyale est la vie des affaires. Une rivalité apparente et une association secrète ont souvent fait la fortune de deux maisons.

Un magasin de détail doit toujours être fixé dans une rue fréquentée. Il faut s'assurer d'un bail un peu long. Le succès d'un magasin de détail dépend des pratiques, et elles tiennent plus à la maison qu'à la personne. Vous les conserverez en restant où vous serez.

Un magasin doit être propre, bien éclairé et bien aéré. Le luxe n'y est pas nécessaire, à moins que la concurrence n'en impose l'obligation, pour ne pas avoir l'air de céder le pas aux autres. La lumière est nécessaire. L'obscurité rend le chaland soupçonneux ; il craint qu'on ne le trompe, et il sort souvent sans rien acheter, pour ce motif seul. La lumière du soleil est moins coûteuse que celle du gaz, et il faut la laisser entrer par une large devanture.

Disposition du Magasin.

On est arrivé sur ce point à un grand degré de perfection, et c'est là où se déploie le goût du marchand. Il n'est pas possible de donner ici des avis sur la meilleure manière de mettre la marchandise en évidence : cela dépend beaucoup de sa nature. L'essentiel est d'attirer les regards des pratiques et même des passants par l'étalage de tout ce qui peut exciter leur désir d'acheter.

Un grand magasin de détail peut servir de modèle à un petit, qui y trouvera à imiter l'ordre et la méthode qu'il pourra s'appliquer. Là chaque département est arrangé par ordre alphabétique, les compartiments et les cases de chaque département sont numérotés, et à chaque pièce de marchandise est attachée une étiquette indiquant la lettre alphabétique du département, le numéro du compartiment et celui de la case auxquels elle appartient. Les comptoirs respectifs sont peints d'une couleur particulière, et toutes ses dépendances sont peintes de la même couleur. Tout papier d'enveloppe, dès qu'il arrive, est transporté dans une pièce réservée pour cela, où des enfants le découpent de la grandeur appropriée à chaque département, et les y apportent ; les morceaux qui ne peuvent servir sont mis en sac et réservés pour vendre. Le caissier est responsable de toute mauvaise monnaie qu'il reçoit et de tout ce qu'il paie de trop. Le maître du magasin est assis à un bureau élevé d'où il surveille tout son monde ; là aboutissent des tubes acoustiques correspondant aux diverses parties du bâtiment, d'où chaque personne peut communiquer avec lui sans se déplacer. Chaque commis chargé de la vente a un petit livre où il note les ventes au moment où il les fait, et comme quelquefois il reçoit tant pour cent sur ces ventes, le patron peut comparer, quand il le veut, le mérite et les succès respectifs de ses employés.

Commis de Magasin.

Quand une affaire est trop considérable pour être conduite par lui-même, sa femme et ses enfants, ce qui est naturellement le plus sûr, le marchand est obligé d'avoir des aides ou commis. Il doit apporter tous ses soins à faire de bons choix, parce qu'il peut en résulter une augmentation ou une diminution importante de sa fortune.

Les qualités que l'on doit exiger d'un commis, outre sa capacité, c'est l'honnêteté et la politesse. En les prenant dans les familles honnêtes et bien élevées, on a grande chance de trouver en eux ces deux qualités. On comprend que dans les postes de confiance où ces employés seront appelés, il est nécessaire qu'ils offrent des garanties morales. Il est à remarquer qu'elles se rencontrent assez ordinairement avec un certain degré de culture intellectuelle.

La politesse dans les manières, la patience et la douceur dans le caractère sont nécessaires dans un commis. Un impertinent, un imprudent, un grossier fera fuir dix fois plus de pratiques que dix employés convenables n'en attireraient. Il n'est pas toujours facile d'être calme et patient ; mais l'art de commander à soi-même est une des premières et des plus importantes leçons à apprendre dans la pratique de la vie.

Les commis doivent être fidèles à leurs patrons, et ceux-ci doivent être soigneux du bien-être de leurs commis. La fidélité ne consiste pas seulement à remplir ses devoirs, mais encore à avoir le zèle et l'attention auxquels on n'est pas obligé, et pour lesquels on n'est pas rétribué. Quelque facilité que l'on ait à se procurer des commis, on doit leur donner une rétribution suffisante. Sans cela les meilleurs, les plus capables, ne s'attachent pas à la maison qui ne sait pas reconnaître leur utilité par des encouragements pécuniaires. Il faut se les attacher par des gratifications ou un intérêt sur les bénéfices. Un commis ancien et fidèle est un ami éprouvé. C'est ce qu'on ne devrait jamais oublier, et quand on a remporté la victoire dans cette lutte qui a la fortune pour but, il est mal de ne pas récompenser ceux qui ont soutenu avec vous la chaleur du combat et qui ont puissamment aidé au succès.

Achats et Ventes.

Est-il nécessaire de mentir quand on achète et qu'on vend ? Pas le moins du monde. Pourquoi dire à l'acheteur que vous lui vendez votre marchandise au-dessous du prix coûtant ? il ne vous croira pas, parce qu'il ne supposera pas que vous fassiez un métier de dupe. Pourquoi vilipender la marchandise que vous voulez acheter ? Celui qui vous la vend la connaît aussi bien que vous ; si vous la dépréciez à tort, il voit que vous mentez ou que vous n'y connaissez rien. S'il vous vante sa marchandise, c'est à vous de voir si elle mérite ou non ses éloges, sans faire attention à ses paroles. Le mensonge est donc parfaitement inutile, et s'il était nécessaire, un homme qui a de la conscience et de l'honneur ne pourrait pas être marchand. Quand vous achetez, examinez bien tous les défauts et toutes les qualités de ce qu'on vous offre, soyez le plus possible au courant des prix, marchandez si vous croyez qu'on vous demande un prix trop élevé, tout cela n'exige pas de mensonge. Quand vous vendez, vous n'êtes pas obligé de montrer les défauts de votre marchandise, seulement n'en donnez pas une inférieure pour une supérieure, vous tromperiez l'acheteur novice ou confiant, et vous recevriez des reproches mérités et qui vous feraient rougir de la part du connaisseur. Il y a des marchands qui ont l'habitude de mentir, comme il y en a qui ont l'habitude de surfaire ; ils sont bientôt connus, et ils finissent par perdre la confiance du public. Le mensonge ne sera jamais une qualité du bon marchand.

La principale qualité du bon acheteur, c'est la connaissance de la marchandise ; d'un vendeur, c'est la connaissance des hommes. Le bon acheteur parle peu, il s'adresse aux maisons de bonne réputation, demande leur prix, fait son offre aussi approchante que possible du cours du marché ; si elle est acceptée, l'affaire est conclue ; si elle est refusée, il va ailleurs. Il doit redoubler de prudence, si le vendeur fait beaucoup de commentaires ; et quand on prétendra lui faire des faveurs exceptionnelles, à moins qu'elles ne soient accompagnées de preuves positives, il devra croire qu'on ne fait pas beaucoup de cas de son intelligence.

Un vendeur habile connaît bien la nature humaine en général ; il a des manières courtoises et sait les approprier aux humeurs diverses des acheteurs. Il possède bien sa partie, et ayant bien acheté, il peut recommander ses marchandises sans hésitation, et même les garantir si on le lui demande. Son grand objet est d'acquérir la confiance du public. En lui tout doit tendre à ce but. Il ne parlera pas de sacrifice, à moins d'en donner la preuve sur-le-champ. Il sait reconnaître d'un coup-d'œil rapide ce dont son acheteur a besoin ; il ne vante pas tout du même style à toutes sortes de personnes ; mais il sait profiter délicatement de ce qui plaît à l'acheteur. S'il le voit faire un choix qui n'est pas judicieux, il lui montre les défauts de ce qu'il va choisir, et lui présente un article plus convenable : c'est ainsi qu'il acquiert la confiance. Il ne traite pas les dames avec une impertinente familiarité, et il ne fatigue pas par ses ardentes sollicitations celui qui n'est pas disposé à acheter, mais il s'efforce de laisser dans leur esprit une impression favorable, qui les fera revenir chez lui.

Voici les maximes fondamentales qui doivent être toujours présentes à son esprit :

Je crois que le bénéfice est la vie du commerce ; je ne ferai donc jamais de vente sans bénéfice.

Je vendrai à un homme exact à payer avec un bénéfice moindre qu'à celui qui n'est pas exact ; et je préférerais toujours faire un crédit court qu'un long.

J'userai de précautions avec un étranger, et je traiterai tout homme connu en honnête homme, jusqu'à ce qu'il ait fait voir qu'il ne l'est pas.

La discrétion dans les paroles est préférable à l'éloquence.

Ce n'est pas tout ce qu'on vend qui est bien vendu, mais seulement ce que l'acheteur peut payer.

Un riche vêtement, un ton décidé, un air de confiance servent souvent de manteau à des desseins trompeurs ; il faut aussi se méfier de ceux qui, sans nécessité, parlent avec affectation et à tout propos de leur conscience et de leurs sentiments religieux.

Une question faite à bout portant est souvent un moyen habile dont on se sert pour obtenir une réponse irréfléchie, tandis que d'autres cherchent, par des récits amusants, à détourner l'attention du point important d'une négociation.

Il faut traiter tout le monde avec politesse, et ne jamais offenser personne, car il n'y a pas de gens si bas placés qui ne puissent faire du tort à un commerçant.

Du Terme.

Une chose importante dans le commerce, c'est la longueur du terme que l'on accorde. On sera étonné de ce que produisent de petits profits sur des ventes à court terme en comparaison de forts profits sur des ventes à long terme. On n'a qu'à en faire le calcul, et on se convaincra de l'avantage qu'il y a à vendre à courte échéance. En effet, si vous gagnez cinq pour cent sur chaque vente, et que vous vendiez à trois mois, le même argent vous aura rendu vingt pour cent au bout de l'année, tandis que si vous vendez à six mois, vous n'en retirerez que dix pour cent.

Des Moyens de se faire une clientèle.

Pour acquérir la fortune, il ne suffit pas de l'attendre tranquillement, sans se donner aucun mouvement.

Pour avoir des pratiques, il ne suffit pas d'ouvrir une boutique, et de se mettre à son comptoir en attendant qu'elles viennent. Faire savoir au public qu'on entreprend tel état, et solliciter sa bienveillance, a toujours été la première démarche importante à faire. Les étalagistes, les colporteurs crient leurs marchandises, c'est le moyen primitif de publicité. L'enseigne pendue à la boutique, la devanture garnie avec art, sont venues après ; mais enfin la presse est arrivée pour prêter un concours puissant, par les avis, les annonces, les prospectus, les réclames, et tous les autres moyens d'attirer l'attention, moyens puissants au début, qui le sont moins maintenant, parce que l'attention se perd par le trop grand nombre d'annonces, mais qui ne sont pas encore remplacés par de meilleurs. Il faut donc faire beaucoup d'annonces. Ne voit-on pas des gens qui n'ont que des bagatelles à offrir, faire fortune par une grande publicité ? Pourquoi ceux qui ont vraiment des choses utiles à vendre ne réussiraient-ils pas par le même moyen ?

La *publicité* et la *politesse* sont les leviers principaux pour se former une clientèle. L'annonce attire les clients, la capacité les satisfait, la politesse les conserve.

Lorsqu'on se sent capable de répondre à l'attente des pratiques en leur fournissant ce qui leur convient, il est indispensable de faire savoir dans tout le rayon où l'on peut espérer de vendre, qu'on s'est établi à tel endroit, qu'on tient telles et telles marchandises, à prix modérés, en bonnes qualités. Qu'on ne s'arrête pas aux dépenses des annonces ; autant vaudrait reculer devant ce qu'il en coûtera pour mettre ses marchandises à l'abri du mauvais temps ou des voleurs. Les annonces doivent être faites en termes aussi brefs que la clarté le permet, et insérées dans les journaux qui ont le plus de lecteurs.

La *politesse* est aussi un puissant levier dans les mains d'un homme habile. Dans le cours d'une vie consacrée aux affaires, il se présente à un marchand maintes occasions d'élargir le cercle de ses amis en laissant une impression favorable sur l'esprit des étrangers. Ceux-ci ont souvent besoin d'informations, y répondre avec empressement et affabilité, c'est une grande habileté ; un imbécile trouverait qu'il est trop occupé pour donner un avis qui ne rend rien au moment actuel. Comme c'est l'opinion favorable du public qui fait vivre le marchand, un homme intelligent saisira l'occasion d'augmenter le nombre de ses amis, un insensé se fera un ennemi d'un indifférent.

On a défini la politesse *l'art de montrer aux autres, par des signes extérieurs, la considération intérieure que nous avons pour eux.* C'est le propre d'un bon cœur et d'une tête sage. Il ne s'agit point en cela de formes et de cérémonies ; ce sont les signes extérieurs dont l'homme sage sait faire choix.

La politesse n'est jamais une chose insignifiante, et il n'y a rien d'insignifiant en affaires. De petites choses peuvent avoir de grandes conséquences. La fortune de M. Day, le fameux marchand de cirage anglais de Londres, n'a pas d'autre origine que sa charité envers un soldat qui, entrant dans sa boutique (il était perruquier), le pria de lui fournir les moyens de prendre la voiture pour rejoindre son corps, ses forces ne lui permettant pas d'arriver à temps à pied. M. Day lui donna une guinée ; le soldat reconnaissant lui dit : « Que puis-je vous donner en retour ? Je ne possède rien. Pardon, ajouta-t-il en lui tendant un papier, prenez cela ; c'est une recette pour faire du cirage qui m'a déjà fait gagner quelque argent. Tâchez de vous en servir. » C'était la fameuse recette de ce cirage anglais dont M. Day tira un tel parti qu'il bâtit un palais pour sa demeure, après avoir créé une immense manufacture.

Il est toujours bon de se souvenir que les relations en affaires sont changeantes. L'étranger d'aujourd'hui peut devenir un créancier demain ; et le dur créancier de la semaine présente peut devenir un débiteur malheureux la semaine suivante.

Une chose dont tout le monde a pu s'apercevoir, c'est que les juifs réussissent mieux que tous à gagner de l'argent, il y en a qui attribuent ce fait à leur politesse, à leur affabilité, à leur patience, à leur esprit insinuant. Quoi qu'il en soit, en agissant ainsi on est sur la voie du succès. Il nous semble inutile d'insister davantage sur ce point.

Du Crédit.

Le crédit est une excellente chose, mais, comme les meilleures, il est susceptible de beaucoup d'abus. Le fermier qui emprunte pour acheter sa semence et faire quelques avances de travaux, le marchand qui contracte une dette pour assortir son magasin, ne font rien de déraisonnable, mais emprunter pour ses dépenses personnelles, c'est la voie de la ruine et de la banqueroute. C'est le devoir d'un vrai marchand de résister aux demandes de crédit, à moins de circonstances particulières. Le comptant doit être la règle ; le crédit l'exception. Si l'on accorde du crédit au fermier dont les récoltes ont été détruites, à celui dont la maison a été brûlée, à la pauvre veuve dont les enfants ne sont pas encore en état de travailler, c'est faire acte de charité ; mais en général il faut être inflexible dans son refus de crédit, car c'est fournir aux gens imprévoyants des facilités de se ruiner.

10

DE LA SPÉCULATION. — DIFFÉRENCE ENTRE LE NÉGOCIANT ET LE SPÉCULATEUR.

Un profond spéculateur est un homme aussi rare qu'un poète de génie, ou qu'un grand général d'armée. Chaque science a ses lois, mais les lois de la spéculation ne sont pas bien comprises, on peut même dire qu'elles ne sont pas bien fixées. Essayons de donner quelques-unes des règles qui doivent régir ce grand art.

En premier lieu, le succès de la spéculation n'est pas le résultat d'un hasard heureux. Secondement, il ne faut pas oublier qu'il y a une différence immense et essentielle entre la *Spéculation* et le *Commerce*, deux choses que l'on est exposé à confondre dans la théorie et dans la pratique. Le commerçant n'a qu'à se tenir à son affaire qui doit lui donner de petits gains, lesquels accumulés avec les années, deviennent une fortune. Si l'on perd quand la marchandise baisse, on gagne quand elle hausse ; or il y a compensation, si on fait le commerce pendant un nombre d'années.

Le spéculateur est bien différent ; il se mêle de la hausse et de la baisse des prix, car tout son intérêt est là. Le commerçant compte sur sa clientèle : le spéculateur n'en a pas. Le commerçant compte sur des bénéfices petits, mais réguliers. Le spéculateur a en vue de s'enrichir tout d'un coup ; le monde entier est son marché.

La spéculation est une loterie, ce n'est pas douteux ; et c'est pour cela qu'il y a tant de spéculateurs, comme il y a tant de gens qui prennent des billets de loterie. Mais tout n'est pas hasard dans la spéculation. Il faut aux spéculateurs trois choses essentielles pour réussir ; le *temps*, le *capital*, et le *courage* ; et tout cela ne suffit pas sans un bon jugement. Toute spéculation a en vue l'avenir où est renfermée la question de temps. Les résultats ne sont jamais immédiats. Le capital : tout le monde sait qu'on ne peut rien faire sans cela ; et l'homme qui manque de courage n'a rien de mieux à faire que de s'asseoir à une table de jeu, ou au coin d'une cheminée, ou de demander un emploi quelconque. Il ne sera jamais un spéculateur, parce qu'il faut avoir foi et confiance à des choses qu'on ne voit pas. L'activité est nécessaire pour le commerce, et la patience pour la spéculation. Il ne faut rien faire, quand il n'y a rien à gagner, maxime qu'on ne peut pas appliquer dans le commerce à cause de la nécessité de conserver sa clientèle. Il faut être toujours en éveil pour choisir le temps propice pour acheter, et le temps propice pour vendre, et alors il faut agir avec vigueur et décision.

Le temps pour entrer dans le commerce est lorsque les choses vont le plus mal, et ce temps n'est pas mauvais pour entrer dans la spéculation. On peut commercer sur beaucoup d'articles, mais il y en a peu qui fournissent matière à la spéculation. Les objets propres à la spéculation sont la plupart des produits de l'agriculture, le coton, le sucre, la soie, etc. ; ils suffisent amplement au spéculateur pour faire fortune.... ou pour la perdre. Mais comme on désire faire fortune, il faut *étudier les statistiques et être attentif aux grands changements politiques et commerciaux*. Décidez-vous pour un article, cherchez quels ont été en moyenne les prix de l'année, et quand le prix tombe au-dessous de cette moyenne, achetez. Supposons que cet article soit la farine, qu'il y ait eu une grande récolte de blé, et que le prix soit descendu notablement ; si la récolte suivante est mauvaise, vous gagnez ; si non, il ne s'ensuit pas que vous perdiez ; vendez, et remplacez votre ancien *stock* (approvisionnement) par un nouveau. Si la dépréciation continue, il sera peut-être bien de s'occuper du même article jusqu'à ce qu'une mauvaise ou médiocre récolte arrive. En ce cas, il faudra observer d'avoir toujours le même stock ou quantité disponible, ou au moins d'en avoir pour la même somme d'argent ; et lorsque arrive la mauvaise récolte attendue, la spéculation est mûre, il faut vendre immédiatement.

Quand vous consultez des documents statistiques, assurez-vous qu'ils ne sont pas fournis par des gens intéressés à déguiser la vérité.

Deux choses sont nécessaires pour qu'il y ait matière à spéculer : la fréquence des changements de prix, et l'étendue de ces changements ; et cela se comprend, puisque les grands bénéfices ne peuvent venir que des grandes différences de prix.

La spéculation vaut-elle mieux que le commerce, ou le commerce mieux que la spéculation ? La chose n'est pas douteuse, selon nous. La spéculation ne peut avoir lieu qu'aux époques des grandes crises commerciales, et elle sert à en atténuer les effets. Les achats que la spéculation fait quand la baisse arrive, empêche qu'elle n'aille trop loin ; et ses ventes, lors de la hausse, en arrêtent le trop grand essor. Le commerce a une marche ferme et sûre, et on peut le faire en tout temps ; la spéculation n'est praticable qu'en certaines occasions favorables. Il ne faut pas oublier que la spéculation demande beaucoup de temps, pendant lequel le commerce peut faire de petits bénéfices répétés qui souvent équivalent aux grands bénéfices que fait le spéculateur tout d'un coup, mais après une longue période d'inaction. C'est comme en mécanique : ce que l'on gagne en force, on le perd en vitesse. Toutefois la spéculation pourrait se rapprocher du commerce régulier, en touchant à plusieurs articles à la fois ; de sorte que les occasions d'acheter et de vendre qui seraient trop rares pour un seul article deviendraient plus fréquentes divisées entre plusieurs. Mais alors il faut avoir de très grands capitaux, si l'on veut opérer largement sur chaque objet, ou restreindre l'étendue de la spéculation, si l'on opère sur plusieurs. Dans ce dernier cas, les bénéfices sont moindres, il est vrai ; mais les chances de perte le sont aussi, et de plus la variété des articles auxquels on touche donne un résultat moyen qui ne saurait être une ruine, comme une spéculation manquée sur un seul article. En se divisant sur plusieurs objets, la spéculation se rapproche davantage du commerce régulier.

Quand faut-il vendre ? Quand faut-il acheter ? Questions capitales pour un spéculateur. Quand les prix sont chers, c'est que les affaires vont bien ; quand ils sont bas, elles sont difficiles. De là, tentation d'opérer, dans le premier cas, et découragement dans le second. Donc, nécessité pour le spéculateur d'avoir de la fermeté dans le caractère, et souvent opportunité d'agir au rebours des apparences, ou au moins de ce qui paraît être le plus convenable à la majorité. En général, il est bon de vendre quand personne ne veut vendre, et d'acheter quand personne n'ose acheter, quoiqu'il semble plus raisonnable de vendre quand les prix sont chers, et d'acheter quand ils sont bas. La plupart sont tentés d'acheter quand les prix haussent, dans l'espoir qu'ils hausseront davantage ; on y trouve souvent du profit, mais il y a aussi de grands risques. Dès que la baisse se manifeste, il faut se hâter de se défaire de l'article, que ce soit à bénéfice ou à perte ; si c'est à perte, pour en éviter une plus grande. En pareil cas, celui qui se décide le dernier à vendre, est toujours la dupe de son obstination, l'expérience le prouve.

11

DE LA BANQUE. — DE L'INTÉRÊT.

De l'Intérêt.

L'intérêt est la somme payée par l'emprunteur au prêteur d'une somme d'argent, en retour de l'emploi qu'il en fait. Le taux de l'intérêt est la somme payée pour cent francs, ou simplement pour cent unités monétaires. Ce taux varie suivant les lieux et les circonstances ; dans certains pays la loi fixe un maximum, dans d'autres l'intérêt est librement débattu entre le prêteur et l'emprunteur. Quand l'intérêt dépasse une juste limite, c'est-à-dire quand le prêteur exige un taux qui dépasse les bénéfices probables de l'emprunteur, c'est l'usure.

Dans le commerce, le prêteur et l'emprunteur sont rarement en face l'un de l'autre ; ils communiquent par un intermédiaire qu'on appelle banquier, lequel emprunte aux uns et prête aux autres, et la différence entre le taux auquel il emprunte et celui auquel il prête est la source de son bénéfice.

De la Banque.

Les Banques n'existent que dans les pays arrivés à un grand développement du commerce, et leur principale raison d'être, c'est la facilité qu'ils donnent aux négociants qui vendent à terme de faire de l'argent, pour de nouvelles affaires, avec les engagements de leurs débiteurs. Une banque escompte donc les effets de commerce, c'est-à-dire qu'elle donne de l'argent contre ces effets en déduisant une somme pour l'intérêt de cet argent jusqu'au moment de l'échéance, où la banque rentre dans ses fonds. Cette déduction s'appelle escompte. Telles sont les opérations des banquiers.

Mais les grandes banques, comme la Banque de France, ne se bornent pas à l'escompte ; elles ont le privilège de donner leurs billets comme de l'argent, non pas que l'on soit forcé de prendre ces billets, mais on les accepte comme de l'argent, parce que l'on sait que l'on n'aura qu'à se présenter à la caisse de la banque pour avoir de l'argent contre ces billets.

Les banques font aussi des avances de fonds contre des dépôts de titres, actions, obligations, des États ou des grandes compagnies industrielles.

Les banques rendent des services en prêtant judicieusement aux commerçants qui méritent confiance, et leur aident ainsi à étendre leurs affaires. Mais le devoir des banques est de ne pas permettre que ces crédits dépassent certaines limites, pour ne pas favoriser des spéculations hasardeuses.

Cette facilité pour le commerçant de trouver de l'argent contre les engagements de ses débiteurs, lui permet de faire des ventes répétées avec un petit bénéfice, ce qu'il ne pourrait pas faire s'il lui fallait attendre l'échéance ; il serait obligé, en compensation de la longueur du terme, de prendre un bénéfice plus fort sur chaque affaire, mais comme il en ferait moins, il ne gagnerait pas autant.

12

DES INVENTIONS.

On voit beaucoup de gens qui cherchent la fortune dans les inventions et les découvertes. Que de déceptions ils se préparent ! Que de temps perdu bien souvent pour inventer des choses déjà depuis longtemps découvertes. Quelques-uns, il est vrai, ont tiré de grands profits de leurs inventions, et c'est ce qui encourage tant de gens à suivre leur exemple. Mais nous ne conseillerons jamais de prendre cette voie pour arriver à la fortune ; et voici les motifs sur lesquels nous nous fondons. Celui qui s'occupe de découvertes dans les sciences est un savant ou bien un homme qui n'a que des notions superficielles d'une matière où il en faut de sérieuses. Si c'est un savant, il a chance de faire faire un pas à la science ; mais cela ne suffit pas. La tournure d'esprit qui fait faire les découvertes est en général très opposée à celle qui a le talent de les exploiter. Combien de savants très distingués n'a-t-on pas vu consumer leur temps et leurs veilles dans des travaux sans rémunération, et après eux un ignorant avoir l'habileté de faire connaître et adopter les améliorations utiles, les procédés nouveaux inventés par le savant, et parvenir à tirer profit pour lui-même des travaux du savant qui avait peut-être reculé devant la crainte de paraître charlatan, en faisant prôner ses œuvres par les cent voix de la presse. Dans la seconde hypothèse, celui qui veut devenir inventeur sans être sérieusement instruit s'expose tantôt à n'arriver à rien de vraiment nouveau, tantôt à prendre pour des inventions des choses bien connues.

Cependant, tout en montrant la fausse voie où l'on s'engage en poursuivant des inventions, Dieu nous garde de chercher à décourager l'homme instruit, l'artiste habile, l'ouvrier intelligent, qui rêvent sans cesse de nouveaux perfectionnements dans les sciences, dans les arts, dans l'industrie, dans la mécanique. Cette voie est plus sûre que la première : un chimiste qui améliorera ses procédés de teinture, un mécanicien qui perfectionnera une machine, soit qu'ils exploitent eux-mêmes leurs procédés, soit qu'ils les fassent exploiter par d'autres, ont des chances de gain incontestables. Nous n'avons voulu parler que de ces chercheurs d'inventions qui croient arriver tout d'un coup à la fortune par une grande découverte. Pour ceux-là, ils ont toute chance de n'aboutir qu'à une amère déconvenue.

Il y a cependant des exceptions, mais ce ne sont pas des exemples que nous proposons d'imiter. Il y a des gens qui, à grand renfort d'annonces dans les journaux, de prospectus, d'affiches immenses, réussissent à vendre en grande quantité des choses parfaitement insignifiantes. C'est dans un autre genre la grosse caisse de l'arracheur de dents, c'est le casque doré du marchand de crayons, c'est en un mot le charlatanisme pur. Il réussit presque toujours, car ce grand fracas en impose au vulgaire ; mais tout le monde n'a pas le courage de se faire vendeur de vermifuge sur la place publique. C'est l'abus de la publicité que nous avons recommandée : cet abus ne produirait plus d'effet s'il devenait général.

13

COMMENT ON DEVIENT MILLIONNAIRE ?

Comment on devient millionnaire ? C'est-à-dire comment ont fait ceux qui sont devenus millionnaires ? Ils vont nous le dire, mais ne croyez pas réussir comme eux en faisant exactement ce qu'ils vous diront. Outre le travail, l'ordre, l'économie, l'activité, la prudence, toutes choses qui dépendent de la volonté, il y a les circonstances favorables ou défavorables, qui font réussir une opération hasardeuse, ou qui font échouer l'opération la mieux combinée. Mais quoique nous n'ayons pas la prétention d'enseigner le secret de devenir millionnaire, nous croyons qu'il y a à profiter dans les confidences que ceux qui le sont devenus ont faites de leurs procédés.

Rothschild, le fondateur de la maison de banque renommée dans le monde entier, attribuait, dit-on, ses succès aux règles suivantes :

1°. Je combinais trois profits ; je faisais mon client du manufacturier, je lui fournissais les marchandises brutes et les couleurs, et je gagnais sur ces deux objets ; je lui achetais les objets manufacturés, et je les revendais avec profit.

2°. Soyez prompt à conclure vos marchés et actif en tout.

3°. Ne vous associez pas à des gens qui n'ont pas de chance.

4°. Soyez prudent et courageux. Il faut une grande prudence et un grand courage pour faire une grande fortune, et quand vous l'avez acquise, il faut dix fois plus de talent pour la conserver.

Ces règles sont plus faciles à donner qu'à mettre en pratique. Nous croyons que la grande fortune de cette maison, est due d'abord à l'union inaltérable des cinq frères qui, placés dans cinq grandes capitales, n'opéraient jamais sans s'être concertés, et prenaient une part égale dans les opérations ; et ensuite à leur habitude de ne pas viser à un profit excessif, de tracer des limites certaines à chaque entreprise, et de se rendre indépendants des chances malheureuses non prévues autant que cela est au pouvoir de la prudence humaine.

David Ricardo, qui amassa une immense fortune à Londres et y mourut en 1823, avait trois règles qu'il appelait des règles d'or :

1°. Quand vous avez le choix, ne manquez jamais de choisir le meilleur.

2°. Coupez court à vos pertes, c'est-à-dire quand vous avez acheté et que les prix baissent, hâtez-vous de vendre.

3°. Assurez vos bénéfices, c'est-à-dire quand il y a hausse, vendez sans attendre le plus haut prix que les cours vous paraissent devoir atteindre.

Etienne Richard, né en 1750 dans les environs de Bordeaux, s'embarqua comme mousse à 12 ans, alla aux Indes, puis en Amérique, fut constructeur de navires, s'occupa de banques et de grandes spéculations, et mourut en 1832 riche de plus de soixante millions de francs. Il n'a jamais dit quelles étaient les règles de sa conduite ; il se contentait de dire : « Mes actions m'ont fait ce que je suis. » Par quelques traits de sa vie, on a jugé que ses procédés étaient de ne pas négliger la bagatelle la plus triviale qui aurait affecté sa fortune. Il ne tint pas quitte un homme qui avait la moitié d'un sou à lui rendre. On suppose que sa maxime était : « Ayez soin de vos sous et les pièces de cinq francs auront soin d'elles-mêmes. »

Nous ne parlerons pas de M. *Nicolas Longworth*, le millionnaire de Cincinnati, qui a gagné sa fortune en spéculant sur les terrains, ni du fameux Barnum qui gagna cinq millions en deux ans en montrant des curiosités naturelles. Ce sont des moyens qui ne sont pas à la portée de tout le monde. Nous nous bornerons à citer encore les règles de M. *John Mc Donogh*, le millionnaire de la Nouvelle-Orléans, mort récemment. Il répondit à quelqu'un qui lui demandait comment il avait fait pour gagner une si grande fortune, que c'était en suivant trois règles de conduite qu'il s'était tracées. La première était d'acquérir les bonnes grâces des gens en place et des gens influents ; quelques dîners donnés à propos lui avaient fait obtenir des fournitures où il avait fait de grands bénéfices, et il en concluait qu'il ne fallait pas craindre de dépenser quelque argent pour en gagner davantage.

La seconde règle est de savoir employer à son profit les talents, les connaissances, l'activité des gens d'une position inférieure sur lesquels on a de l'influence.

La troisième règle de M. Donogh était de prier Dieu, et de lui demander de protéger ses opérations.

Celui à qui Mc Donogh faisait ces confidences en fut révolté, et il résumait ainsi ces trois règles : « Corrompre les grands, opprimer les petits, et prier Dieu qu'il bénisse les autres. » Mais on peut les interpréter autrement. Le pauvre qui cherche l'appui des grands n'a aucun moyen de les corrompre, et s'il peut être aidé par eux sans faire des bassesses, il ne commet aucun mal, et il agit avec prudence. Si devenu plus aisé, il s'appuie sur le concours des gens capables, il peut tirer profit de leurs talents, pourvu qu'il leur donne une juste rémunération. En agissant ainsi, il peut espérer que Dieu bénira ses œuvres, et il fait très bien de le lui demander dans ses prières.

Si nous consultions les annales de la vie commerciale, nous trouverions dans la plupart des cas, que ceux qui se sont distingués par le succès dans les affaires, ont été des hommes de la même trempe que ceux qui sont devenus célèbres dans la littérature et les sciences. Ils se faisaient remarquer par des habitudes d'une vie austère, par la simplicité de leurs goûts et par leurs manières sans prétention ; tandis que les hommes vains, présomptueux, étourdis, se font beaucoup de tort à eux-mêmes et en font beaucoup aux autres.

La sagesse qui ne s'en fait jamais accroire et qui sait se préserver des illusions est une grande marque de supériorité, et contribue puissamment au succès de ceux qui en sont doués.

14

COMMENT L'ARGENT SE PERD.

À l'exception des époques de bouleversements sociaux, de crises commerciales extraordinaires et impossibles à prévoir, on peut dire que ceux qui perdent leur argent et malheureusement aussi celui des autres, ont été eux-mêmes la principale cause de leur propre ruine. Nous en trouvons la preuve dans une enquête faite en Angleterre sur les faillites. Voici ce que dit l'un des commissaires :

« Autant que je puis en juger par les livres et les documents qui m'ont été fournis, sur 85 faillites, 14 ont été causées par la spéculation sur des articles qu'on ne connaissait pas, 3 par la négligence dans la tenue des écritures, 19 par l'insuffisance du capital, et par les moyens ruineux de se procurer de l'argent, 49 par des dépenses excédant les bénéfices qu'on pouvait raisonnablement se promettre, et aucune par la détresse générale, ou la décadence d'une branche spéciale de commerce. »

Un autre commissaire dit : « 52 cas de faillite nous ont été soumis ; selon moi, aucun n'est dû à des causes générales de désastres ; 32 ont eu pour cause des dépenses imprudentes, 5 sont dues en partie à cette cause et en partie à des affaires forcées ; 15 à des spéculations imprudentes, dont plusieurs jointes à une manière de vivre extravagante. La plupart des 52 classées comme dues à une conduite imprudente, ont été causées par la nécessité d'emprunter de l'argent à des prêteurs qui ont pressuré les débiteurs. »

Nous sommes persuadés, mais sans en avoir la preuve positive, que les causes de ruine sont aussi nombreuses que les folies et les malheurs de l'humanité, et que celles que les deux commissaires cités ont indiquées sont les principales dans tous les temps et dans tous les pays. Nous croyons aussi que dans la plus simple opération commerciale, il y a plus de chances de perte que de profit, et loin de penser avec ceux qui sont étrangers au commerce, qu'il n'y a qu'à commercer pour faire fortune ; nous sommes convaincus que ce n'est que le très petit nombre qui y parvient, que beaucoup s'y ruinent, et que les autres doivent se regarder comme heureux s'ils ont pu y trouver les moyens de vivre, d'élever et d'établir leur famille, sans diminuer leur capital primitif.

En général, on peut attribuer les faillites des commerçants à trois causes : les *accidents*, les *défauts de conduite*, et l'*abus du crédit*. Les accidents ne sont pas aussi fréquents qu'on pourrait le supposer ; on peut se mettre en garde contre eux par les assurances et par sa prudence. Les manques ou les excès de récolte, qui produisent de grandes variations dans les prix, sont des causes de ruine pour les uns, mais des causes de profit pour les autres. Ceux qui n'ont pas étendu leurs opérations au-delà de leurs moyens, peuvent en souffrir, mais ne sont pas ruinés pour cela.

Il y a des remèdes aux *défauts de conduite*. Il faut les corriger par l'expérience de leurs fâcheuses conséquences. Il est inutile de s'étendre sur les dangers de l'ivrognerie, du jeu, etc., tout le monde les connaît. Mais il y a d'autres défauts de conduite. *Quitter les affaires régulières*, pour se lancer dans d'autres par l'appât de grands et de rapides bénéfices. Il faut une longue pratique pour tirer de sa profession tout le profit qu'elle peut rendre. C'est folie que de se laisser tenter par le succès des autres, d'embrasser l'état où ils ont réussi ; on y entre avec des moyens imparfaits, et l'on échoue. On a vu des gens passer leur vie à changer d'état, et être à la fin de leur carrière moins avancés qu'au commencement.

L'extravagance dans les dépenses est le plus sérieux des défauts de conduite. Comment expliquer une folie si choquante et pourtant si commune ? Tout le monde sait que si la main gauche jette ce que la main droite ramasse, il ne restera jamais rien ; que celui qui dépense tout ce qu'il gagne n'augmentera jamais sa fortune, et que dépenser plus que ses revenus, c'est se préparer une grande pauvreté. L'explication de cette folie c'est l'entraînement des passions, et la raison seule ne suffit pas pour y résister, le secours de la religion est indispensable.

Peu de gens savent quelles sommes considérables l'économie de tous les jours dans les dépenses personnelles et du ménage peut accumuler. Cinquante mille francs par an sont une dépense que l'on voit faire souvent par les négociants des grandes villes. Il y a cinquante ans qu'on aurait regardé cinq mille francs comme une dépense suffisante. Eh ! bien la différence de ces deux sommes en y ajoutant les intérêts composés pendant cinquante ans atteint le chiffre énorme de 9,420,000 francs. Ajoutez encore onze ans et cette somme, toute considérable qu'elle est, est doublée.

De pareils calculs sont faits pour encourager les espérances de succès et d'indépendance dans l'esprit de tout homme jeune qui, en commençant les affaires, prendra et tiendra la résolution déterminée de combiner le travail avec l'économie, et pour l'avertir que sans économie, sa ruine est certaine.

L'*abus du crédit* doit partager le blâme qui s'attache à l'extravagance de la dépense ; car ces deux défauts ont des rapports intimes. La facilité du crédit porte à des dépenses superflues, et la gêne qui résulte de dépenses excessives met dans la nécessité de recourir au crédit. Celui qui doit plus qu'il ne peut payer est obligé de faire prendre patience à son créancier en augmentant sa dette. On lui accorde répit sur répit à des conditions de plus en plus onéreuses ; il est appauvri par des affaires forcées, et enfin il tombe dans la misère par l'excès des dettes accumulées sur sa tête.

Le système du crédit, s'il dépasse de justes limites, est responsable des désastres qu'il amène en excitant les gens à spéculer sur des articles qu'ils ne connaissent pas, et à faire des affaires au-dessus de leurs moyens. C'est la facilité d'obtenir du crédit qui tente l'ambition des hommes et les pousse à se hasarder au-delà de ce que la prudence le permet.

Quels remèdes y a-t-il aux diverses causes de ruines, telles que le désir de faire fortune trop vite, l'ambition de s'enrichir sans travail, l'impatience de jouir des douceurs de la vie avant d'en avoir acquis les moyens ? Nous n'en connaissons pas d'autres que le bon sens, qui doit servir à réprimer notre ambition et nos désirs, à éclairer notre esprit, à régler notre imagination, et à nous donner une saine notion de nos devoirs.

15

LE VRAI CHEMIN DE LA FORTUNE.

La richesse ne saurait être le partage du petit nombre, et c'est une illusion que de ne se proposer que ce but, parce que les chances de l'atteindre sont bien moins nombreuses que celles de le manquer. Mais il n'est pas déraisonnable de se proposer comme récompense d'une vie de travail et d'économie une fortune suffisante pour assurer son existence dans ses vieux jours et pour fournir à ses enfants les moyens de travailler à leur tour. On peut raisonnablement espérer d'arriver à cette situation, qui n'est pas la richesse, mais qui mérite bien le nom de fortune, quelque modique qu'elle soit, si elle donne satisfaction à tous les besoins réels et justes de celui qui la possède.

Quel chemin faut-il suivre pour arriver à ce terme de ses efforts ? Évitons d'abord les routes qui s'en éloignent. Ne croyons pas ceux qui nous diront : On ne peut s'enrichir qu'en courant de grands risques ;

attachez-vous aux grandes affaires. Loin de là, gardez-vous de toute entreprise brillante qui commence par exiger de grandes dépenses. Considérez de loin ces comptoirs magnifiques, ces ameublements somptueux, ces équipages de luxe. Vous verrez bientôt tout cet éclat pâlir ; surveillez les premiers symptômes de la ruine et tâchez d'en faire votre profit.

Quand on entreprend une affaire, il faut s'en occuper comme d'une science, et non pas dans la seule vue de devenir riche. En étudier les principes, rechercher les informations utiles ; y fixer des limites proportionnées à ses moyens ; ne viser jamais à des profits excessifs, et se rendre indépendant des accidents possibles, autant que la prudence humaine peut le faire, c'est la marche la plus sûre. Si le malheur arrive, et il peut arriver, il ne vient pas de votre faute. Si c'est l'aisance, c'est ce que vous attendiez. Si c'est la richesse, vous possédez les moyens les plus sûrs de la conserver.

Une constante modération en toutes choses, dans le désir du gain, dans l'étendue des affaires, dans les dépenses personnelles, augmenteront positivement les chances de succès, fortifieront le caractère et contribueront au bonheur de la vie.

L'homme qui s'est préparé à travailler pendant sa vie se met au travail sans peine. S'il aime à jouir du repos du dimanche, il reprend avec joie son ouvrage le lundi. Au lieu de l'ardeur fiévreuse de celui qui veut vite s'enrichir, il s'occupe avec régularité de ses affaires, et trouve encore le temps de développer ses connaissances intellectuelles. Comme il sait que ce n'est que le petit nombre qui devient riche, il ne compte pas en être ; mais il a ses chances. A mesure qu'il avance dans la vie, il voit ceux dont autrefois il enviait presque la prospérité, lutter contre des embarras et souvent tomber. Quand une crise arrive, il s'étonne d'être considéré comme un homme solide ; et tandis qu'il marche sans encombre, il voit ceux qui faisaient plus de bruit que lui, pressés par les remboursements et forcés de vendre à perte pour y faire face. Alors, dans le moment même où tout semble diminuer de valeur, il trouve l'occasion de faire des achats avantageux, et il voit bientôt sa fortune augmenter. Suivant sa voie avec persévérance, il devient de plus en plus solide. Sans avoir beaucoup calculé, il se trouve riche comparativement. Les circonstances peuvent l'aider à le devenir tout à fait, sans mettre en péril son indépendance ou sa tranquillité. Si la richesse arrive, elle est sûre ; ses vues s'étendent, mais il n'est pas enivré. Il résiste à la tentation de se lancer dans de grandes affaires qui peuvent emporter en un instant le fruit de longues années de travail. L'esprit de rivalité, d'ambition ou d'envie est sans influence sur lui, et il ne vise jamais à éblouir son entourage par la grandeur de ses opérations.

On peut citer des hommes qui sont devenus riches et puissants, sans tenir compte de la sagesse et de la vertu. Mais pour un qu'on en rencontrera, on en trouvera cent qui n'ayant pas plus de principes, mais n'ayant pas la même énergie, sont honteusement tombés.

D'un autre côté, il est possible que sur vingt hommes qui ont réglé leur conduite sur des principes de moralité, un seul soit devenu riche, mais les dix-neuf autres ne sont pas tombés. Ils n'ont dépensé que ce qu'ils ont gagné. Ils ont rempli leur devoir dans le monde, et ils en ont obtenu la considération et la confiance. Qu'ils soient ouvriers, fermiers, ou d'une profession libérale, qu'ils soient marchands, négociants ou propriétaires, marins ou cultivateurs, ils sont regardés comme des gens probes à qui on n'oserait jamais proposer rien de contraire à la délicatesse et à l'honneur, et dont l'indépendance de caractère et la droiture de conscience inspirent le respect général.

Mais l'homme, bon ou mauvais, qui commence avec la résolution de s'enrichir, aura de grandes chances de désappointement. Qu'il prenne le meilleur exemple de succès rapide qu'il pourra trouver ; qu'il emploie les mêmes moyens, qu'il fasse exactement les mêmes choses que ceux qui sont devenus riches rapidement, et il est vraisemblable qu'à la fin il s'apercevra que la même marche, suivie dix ans plus tôt ou dix ans plus tard, aurait pu réussir, mais que, par des causes parfaitement indépendantes de sa volonté, elle devait échouer cette fois, et qu'il lui aura fallu toute son habileté pour éviter d'être ruiné.

Au fond, le moyen de s'enrichir rapidement est connu, pourvu qu'il soit favorisé par les circonstances, mais on sait que ces circonstances, qu'il n'est pas possible de prévoir, peuvent devenir des causes de ruine ; qu'il faut donc s'efforcer de les prévenir par une grande prudence. C'est ce que les pères doivent apprendre à leurs enfants, c'est ce que les mères surtout devraient aussi leur inculquer quand ils entrent dans le monde. Elles ne leur apprendront pas à éclabousser les passants en brillant équipage ; mais elles pourront beaucoup pour les préserver de l'humiliation et du chagrin qui se trouve au bout des efforts imprudents pour atteindre rapidement la richesse. En un mot, elles ne mentiront pas au jeune homme qui débute dans la vie quand elles lui diront : Il ne dépend pas de toi de devenir riche ou non, mais il dépend de toi de te préserver de la ruine ou de la faillite.

16

ÉPARGNE. — DONS. — PRÊTS.

Il est à peine besoin de dire que l'épargne est le moyen le plus sûr de se rendre indépendant. C'est une vérité que tout le monde reconnaît, mais qui n'est pas pour cela moins difficile à mettre en pratique. L'épargne n'est qu'une sordide avarice au-delà de justes limites ; et d'un autre côté, elle est impossible à réaliser si on ne sait pas se soumettre à des privations. C'est de bonne heure qu'il faut songer à économiser, et c'est là le difficile ; car la jeunesse aime le plaisir, et le plaisir coûte. Plus tard on regrette l'argent si follement dépensé : on veut faire des économies, mais les charges ont augmenté, les habitudes de dépense sont devenues des besoins, et souvent on s'arrête devant l'impuissance réelle ou apparente de mettre quelque argent de côté.

Un jeune homme prévoyant doit donc placer le superflu de ce qu'il gagne, quand il a pourvu à son entretien et à quelques menus plaisirs, dont on ne sait pas encore se passer à cet âge. Il doit se dire qu'il commence ainsi à former le capital avec lequel il s'établira un jour. Le capital qu'on acquiert, de cette manière ne se perd généralement jamais, tandis que celui qui provient des emprunts ou des héritages est plus exposé à être gaspillé, parce qu'il est venu sans peine. Les efforts que l'on fait pour acquérir le capital donnent cette habitude des affaires dont nous avons montré la nécessité pour réussir dans ce qu'on entreprend. En général, ceux qui font le mieux leurs affaires sont ceux qui se sont élevés par leurs propres moyens. Un mot dit tout : *sans économie point de prospérité.*

Mais avant de commencer à économiser, il faut payer ses dettes : par dette on n'entend pas seulement ce qu'on a emprunté, mais encore ce que coûtent l'éducation des enfants, les secours à ses vieux parents, et de plus la charité envers ses semblables. La charité est une dette, que chacun doit acquitter sous peine de banqueroute morale ; on n'est exonéré de cette dette que si l'on est dans l'impossibilité matérielle de l'acquitter.

Le prêt sans intérêt est une autre manière de faire du bien à son prochain. Le prêt n'humilie pas comme l'aumône ; mais pour qu'il soit réellement un bienfait, il faut prévoir que l'argent prêté pourra n'être jamais rendu. Par cette pensée, d'un côté on ne se laisse pas aller à plus de générosité qu'on ne le peut, et de l'autre on n'est pas porté à exiger durement le remboursement.

La part de la charité étant faite, il est juste de rendre productif l'argent fruit de l'épargne. Quand on ne l'emploie pas en acquisition d'immeubles, ou en spéculation sur les marchandises, on le place de diverses manières, mais toujours pour qu'il produise un revenu. Occupons-nous d'abord du prêt à intérêt fait à des individus. Il va sans dire que l'honnête homme ne prête qu'à un intérêt modéré. La prudence conseille d'user de circonspection dans ses prêts. Rien n'est plus facile que de trouver des emprunteurs, mais il faut savoir faire un choix parmi eux. Il est inutile de recommander de ne prêter qu'à des gens réputés solvables ; la plus vulgaire prudence l'indique. Pour ceux-là, il n'y a pas à s'inquiéter de l'usage qu'ils feront de votre argent, l'essentiel pour vous est qu'ils vous le rendent à l'époque convenue. Mais quand il s'agit d'un ami qui vous emprunte, l'affaire devient délicate. Vous devez vous demander ce qu'il vous convient le mieux de vous exposer à perdre, votre argent ou son amitié. Si c'est votre argent dont vous êtes disposé à faire le sacrifice, prêtez. Si, au contraire, votre argent vous tient plus à cœur que tout, examinez l'usage que votre ami se propose de faire de votre argent : s'il a chance d'en tirer du bénéfice, prêtez ; si non, refusez ; car quand vous le redemanderiez, votre ami qui l'aurait perdu ne pourrait pas vous le rendre, et peut-être vous reprocherait-il de ne l'avoir pas détourné d'une mauvaise affaire, et dût-il ne pas être injuste à ce point, il s'irriterait de se voir pressé de payer sans le pouvoir, et vous finiriez par perdre et votre argent et son amitié.

Il faut souvent une grande fermeté pour résister aux sollicitations des emprunteurs, qui, dans leurs embarras, ne sont que trop portés à donner des raisons ou des prétextes plausibles aux dépens de la vérité. Le meilleur mode de refus, celui qui offense peut-être le moins, est le refus pur et simple, sans explication. On s'incline devant une volonté inflexible, tandis qu'on cherche à combattre les raisons alléguées par d'autres raisons.

Quelques gens prêteront de l'argent à leurs amis pour acheter le droit de remontrance ; ce droit est sans valeur. On peut acheter l'oreille d'un homme, mais non pas son cœur ; il vous écoutera, mais il ne se conformera pas à vos conseils, s'ils ne sont pas d'accord avec ses idées et ses penchants.

17

DES PROPRIÉTÉS IMMOBILIÈRES.

Les Propriétés urbaines ou rurales, les maisons, les fermes, les terres, etc. doivent être gérées avec des soins vigilants. Nous n'avons pas à rechercher ici quels sont les meilleurs placements de fonds. Les immeubles rendent peu, et demandent beaucoup plus de surveillance que les prêts, les actions industrielles, etc., mais ce sont les placements les plus solides, ceux qui sont le moins exposés à se perdre. Il ne faut pas l'oublier, les biens de ce monde sont périssables, il n'y en a aucun qu'on ne puisse perdre ; Dieu l'a voulu ainsi ; tous sont plus ou moins exposés à périr ou à être perdus pour le possesseur. Les maisons peuvent se brûler, mais l'assurance les garantit, cependant une compagnie d'assurance peut tomber en faillite, ou chercher des chicanes. La terre ne se brûle pas, mais la grêle détruit les récoltes, la guerre les ravage, les révolutions dépouillent quelquefois le légitime propriétaire. Malgré cela, on a bien plus de chances défavorables dans les autres placements ; on y est très souvent exposé à une grande dépréciation, et même à une perte totale du capital.

Maisons.

Le propriétaire d'une maison a deux choses importantes à observer pour la bien gérer ; l'entretenir en bon état et la bien louer. C'est déjà un bon moyen pour la bien louer que de la bien entretenir.

L'entretien comprend la conservation et l'embellissement. Conserver, c'est tenir les toitures en bon état, les faire visiter souvent, empêcher que les eaux pluviales ne s'y infiltrent ; recrépir, peindre à l'huile ou badigeonner les murs extérieurs, changer les bois véreux, les pierres salpêtrées, réparer les fenêtres qui ferment mal, repeindre les fermetures de toute espèce, rétablir le carrelage, etc. Embellir, c'est restaurer les peintures intérieures, les tentures, augmenter les commodités de toute espèce, etc. Tout le monde comprend cela ; mais pour tous ces travaux, il faut employer des ouvriers, et c'est ici qu'on peut arriver à de bons ou à de mauvais résultats, si l'on n'observe pas certaines règles fournies pas l'expérience. L'important est d'employer des ouvriers honnêtes et habiles ; habiles pour qu'ils fassent l'ouvrage le mieux possible, honnêtes pour qu'ils ne trompent pas sur les comptes de journées et de fournitures. En général, il vaut mieux les faire travailler à la journée qu'à prix fait, pour les réparations. Quant aux constructions nouvelles, on peut les faire faire à prix fait, si l'on a un architecte pour surveiller et recevoir l'ouvrage. De quelque manière qu'on le fasse faire, la capacité et la probité de l'ouvrier sont la meilleure garantie qu'il sera bien fait et qu'on ne le surpayera pas.

Il est des gens qui croient gagner en faisant des rabais aux ouvriers, bien entendu des rabais non motivés. Soyez sûr que l'ouvrier qui s'y soumet forcément, enflera ses comptes une autre fois pour rentrer dans ce qu'il croit lui être légitimement dû. Tâchez de vous mettre bien au courant de la valeur des matériaux, tenez bien compte des journées, et quand viendra le règlement, les justes réductions que vous ferez avec preuves en mains seront acceptées, et vous aurez ainsi trouvé le meilleur moyen d'être bien servi, et de ne pas surpayer.

Voilà votre maison en bon état, offrant toutes les commodités désirables, il vous reste à trouver un bon locataire. Qu'est-ce qu'un bon locataire ? C'est celui qui ne donne pas à une maison une mauvaise réputation, qui la prend pour longtemps, etc. Un locataire de ce genre ne veut pas payer au-delà d'un loyer raisonnable ; il sait ce que coûtent les loyers du même genre, et si vous exigez davantage il se retirera ; un autre se présentera qui se soumettra à votre prix, mais qui peut-être fera traîner les payements, ou présentera d'autres inconvénients. Ou bien, si vous tenez, comme votre intérêt l'exige, à n'avoir que des locataires respectables et qui payent bien, votre maison restera longtemps sans être louée et vous perdrez par ces non valeurs ce que vous vouliez gagner par des loyers plus chers. Donc loyer modéré, locataires bien choisis, maison bien entretenue, assurée contre l'incendie, et vous aurez toute chance d'avoir un revenu convenable et certain.

Maisons de Campagne. — Fermes.

Les maisons de campagne ont à la fois pour objet l'agrément et le produit, les fermes n'ont que le produit. Il y a aussi des petites maisons de campagne appelées *bastides*, *pavillons*, *mazets*, etc., suivant les pays, qui ne servent qu'à l'agrément. Ces dernières propriétés servent au délassement des marchands, des ouvriers aisés, qui sont occupés de leurs affaires ou de leur travail toute la semaine, et qui, le dimanche, préfèrent jouir de la vue de la campagne, soigner quelques fleurs, quelques arbres à fruit, quelques légumes, que de passer la journée dans les cafés, à dépenser plus d'argent que ne leur coûte leur petite propriété, car ce sont des propriétés qui coûtent plus qu'elles ne rendent. Par conséquent, avant de se décider à en faire l'acquisition, il est bon de consulter ses moyens, et de voir si l'on peut se permettre une dépense réellement superflue. Il faut aussi être bien décidé à ne pas négliger ses affaires ou son travail pour aller donner des soins à son petit jardin ; c'est un plaisir qui tente, mais qui peut devenir trop cher, s'il fait perdre un temps précieux, si le marchand quitte sa boutique, si l'ouvrier fait traîner son ouvrage. Ces lieux d'agrément peuvent aussi être indirectement la source d'une augmentation sensible de dépenses, si l'on s'y régale trop souvent, si l'on y invite des amis trop fréquemment.

La maison de campagne appartient ordinairement à quelqu'un qui a de la fortune, et qui peut s'y procurer de l'agrément, parce que ses revenus le lui permettent. L'essentiel est de ne pas y faire des embellissements disproportionnés avec les moyens dont on dispose. Après avoir réservé pour l'agrément une portion de terrain en rapport avec l'étendue de la propriété, il faut songer sérieusement à tirer des terres tout le revenu possible.

Si le propriétaire d'une maison de campagne a un état qui le retient à la ville, s'il fait le commerce, s'il occupe un emploi, il doit renoncer à soigner lui-même la culture de ses terres, à moins que sa femme ou ses enfants puissent le suppléer dans la surveillance. Mais s'il n'est que propriétaire, il peut lui-même diriger l'exploitation ; alors il doit passer la plus grande partie de l'année dans la propriété. S'il a le bonheur de rencontrer un fermier intelligent et honnête, actif et dévoué, il a un collaborateur précieux, qu'il doit s'attacher par une rémunération convenable. Avec le concours de cet homme, il pourra espérer de tirer parti de sa propriété. Sans cette condition, il devra opter entre ces deux modes d'exploitation : se mettre lui-même à la tête des cultivateurs, chose difficile quand on n'est pas né dans cette classe, ou louer ses terres. Dans certains pays, on a des métayers, avec lesquels on partage les dépenses et les revenus, à des conditions qui varient suivant les usages des lieux, mais l'expérience a fait reconnaître que ce mode n'est fructueux que pour le métayer, qui s'enrichit souvent aux dépens du propriétaire.

Terres.

Ce que nous disons des difficultés qui s'opposent à ce qu'un propriétaire tire de sa maison de campagne ou de sa ferme un revenu suffisant, s'applique encore mieux aux terres isolées. A moins que ce ne soient des vignes, des prairies, des oseraies, etc., enfin des propriétés qui n'exigent que peu de culture, il ne convient pas à un propriétaire qui ne peut pas mettre la main à la charrue ou à la bêche d'exploiter lui-même sa propriété, en la faisant cultiver par des paysans à la journée. En son absence, on travaillera peu et on fera du travail plus apparent que réel ; en sa présence, on travaillera plus ou moins bien, mais dès qu'il aura tourné le dos, on se reposera d'autant. S'il donne l'ouvrage à prix fait, on le fera mal. Il est fâcheux que cela soit ainsi, mais cela est, et il faut aviser à tirer de ses terres un meilleur parti. Il est reconnu qu'on en tire un revenu plus assuré en les louant, pourvu qu'on observe de les louer pour de longues années, à des gens honnêtes, intelligents, payant bien, et à loyer modéré. Si les baux ne sont pas à long terme, le fermier épuise la terre avant de la rendre, et cette terre épuisée, dépréciée, ne peut alors se louer qu'à de mauvaises conditions. Si les baux sont longs, renouvelés quelquefois de père en fils, le locataire considère la terre comme à lui, la soigne, l'entretient, l'améliore, parce qu'il sait qu'il profitera des améliorations. Ordinairement ces locataires payent exactement, parce qu'ils craignent que la terre leur soit ôtée, s'ils négligeaient de payer. Des loyers modérés sont nécessaires, parce que celui qui se soumet à un loyer trop cher a souvent l'arrière-pensée de mal payer, ou bien c'est un homme qui ne sait pas calculer, qui s'expose à faire des pertes, lesquelles en définitive retombent sur le propriétaire. Avant tout, recherchez des fermiers honnêtes, vous aurez plus de chance d'être bien payé, et de ne pas être trompé.

18

DES PROPRIÉTÉS MOBILIÈRES.

En parlant des prêts et des emprunts, du capital et de la manière de le faire valoir, nous avons dit ce qu'il y avait de plus essentiel sur la manière de placer son argent. Ce que nous avons conseillé en général s'applique aux cas particuliers. Il n'y a pas de règle plus générale que celle-ci : *Plus le revenu est élevé, moins le capital est solidement placé.* Donc, il faut se tenir en garde contre l'appât des gros intérêts. Les États, les Compagnies, à qui l'on prête, sont des débiteurs de bonne foi, mais qui peuvent faire de mauvaises affaires. S'ils empruntent à gros intérêt, c'est qu'ils sont gênés, ou qu'ils n'offrent pas de garanties sûres. Les grands banquiers, les grands capitalistes peuvent être plus ou moins bien initiés à la véritable situation de leurs finances ; mais le public en général n'en sait rien. Les journaux, qui devraient lui dire la vérité, ne sont en général que des instruments de publicité au profit de telles ou telles entreprises qui les ont dans la main ; de sorte que le petit capitaliste qui prend des actions, des obligations, des effets publics, s'il ne sait pas juger par lui-même de l'avenir de telle ou telle ligne de chemin de fer, de telle ou telle entreprise industrielle, etc. est exposé à faire souvent de très mauvais placements. Il y en a beaucoup qui, dans cette ignorance de la réalité des choses, préfèrent les placements à gros revenus ; ils agissent alors comme ceux qui mettent à la loterie, et ils espèrent que quelques années de gros intérêts les feront rentrer dans leur capital, et qu'ensuite ils n'exposeront plus que les revenus. Ce sont des chances qui peuvent réussir, mais qui peuvent aussi mal tourner. C'est du jeu, et non pas de la prudence ; et comme ce livre n'est pas fait pour les joueurs, nous n'avons rien à dire de cette manière de faire valoir son argent.

Aux gens qui ne veulent rien donner au hasard, nous dirons : si vous n'avez qu'un capital limité, dont la perte vous ruinerait, ne l'exposez pas dans des fonds publics, dans des actions à gros revenus ; recherchez plutôt des fonds, des actions à revenus modérés ; c'est ceux-là que préfèrent les capitalistes prudents. Vos revenus seront faibles ; économisez, travaillez ; votre travail et votre économie, joints à vos petits revenus, augmenteront petit à petit votre fortune. Beaucoup de gens qui ont quelque argent voudraient vivre sans rien faire, et pour cela il leur faut faire produire à leur argent de plus gros revenus. C'est la source de l'usure, et par suite de la déconsidération. Travaillez, amassez honnêtement votre fortune, vous en jouirez plus tard et avec elle vous jouirez de la considération publique, qu'on n'achète pas avec de l'argent, mais par une longue pratique des lois de l'honneur et de la probité. Ne vous laissez pas éblouir par des fortunes rapidement faites ; les unes sont dues au hasard, un autre hasard peut les renverser ; les autres sont peut-être le fruit de manœuvres déloyales, d'injustices, etc. ; vous n'en voudriez pas à ce prix. Songez que ces richesses, vous ne les emporterez pas. Un jour viendra où il faudra les laisser, et quand vous vous présenterez les mains vides devant celui qui rétablit toute chose dans la justice, vous aurez un compte terrible à rendre, si vous ne pouvez pas montrer au Juge suprême que vos biens sont uniquement le fruit de vos travaux, et la récompense temporelle d'une vie sage et honnête.

19

MANDATS. — PROCURATIONS.

Il arrive souvent que l'on ne peut pas soigner soi-même une affaire spéciale, surtout quand on n'habite pas le lieu où il faut la gérer. Quelquefois, il s'agit d'une affaire qui exige des connaissances spéciales. Quel que soit le motif qui oblige que l'on se rapporte à un autre du soin d'une affaire qui ne le concerne pas personnellement, le choix d'un mandataire mérite réflexion, quand l'objet est important. Les deux conditions indispensables exigées d'un mandataire sont la capacité et la probité ; les autres qualités sont l'activité, la prudence, l'exactitude. Pour que le mandataire puisse agir légalement, il doit être muni d'une procuration. Cet acte, passé ordinairement par devant notaire, doit spécifier clairement l'objet pour lequel la procuration est donnée, et indiquer avec détails tous les pouvoirs pour faire les actes que le mandant aurait à faire lui-même s'il conduisait son affaire. Faute d'avoir prévu tous les cas qui peuvent se présenter, une procuration peut devenir insuffisante sur un point très essentiel, et causer des obstacles ou des retards nuisibles.

On est heureux quand on trouve un mandataire réunissant toutes les qualités exigées, et devenant un autre vous-même. Il arrive souvent qu'un tel homme mène une affaire à meilleure fin que celui même qu'elle concerne, parce qu'il la voit avec plus de sang-froid, et que désintéressé dans la question, il n'est pas emporté par son attachement à ses intérêts, et ne s'expose pas à échouer par des prétentions exagérées, ou un entêtement aveugle.

Voici quelques précautions à prendre avec les mandataires. S'ils ont agi contrairement à vos instructions, il faut vous hâter de les désavouer. Quand ils ont fait quelque acte important, ne le ratifiez qu'après mûr examen. Soyez de la plus grande sévérité dans le choix d'un mandataire, car s'il était infidèle, ses actes pourraient avoir pour vous les plus fâcheuses conséquences.

Si un bon mandataire est un homme précieux, il ne doit pas lui-même se charger légèrement d'une affaire qui n'est pas la sienne. Celui qui consent à s'occuper des affaires d'autrui le fait gratuitement ou avec une rémunération. Dans ce dernier cas, son mandat lui crée une position, ou augmente ses ressources, et alors il ne doit pas hésiter à l'accepter, s'il a le temps et la volonté de le remplir consciencieusement. Mais si le mandat est gratuit, s'il ne l'accepte que par obligeance, qu'il ne se dissimule pas le travail, les ennuis, les difficultés, la responsabilité qui vont naître pour lui. S'il n'a pas d'affaires à lui qui réclament son temps et ses soins, il peut rendre ce service à un ami, à un parent ; mais qu'il réfléchisse bien auparavant, car il ne saurait prévoir jusqu'où peut l'entraîner ce désir d'obliger. Sans parler des soucis, des sollicitudes, des démarches, de la correspondance et d'une foule de détails qui accompagnent une affaire d'une certaine importance, il s'expose à se créer des ennemis, à ne pas réussir même au prix de beaucoup de peines, et par là même à mécontenter celui qu'il a voulu obliger. Car, il ne doit pas se le dissimuler, s'il réussit, la reconnaissance sera médiocre ; s'il échoue, on lui en attribuera la faute, au moins en partie, ouvertement ou en secret. Est-ce à dire qu'il vaudrait mieux refuser tout mandat ? Non, il faut l'accepter par devoir, par amitié, par charité même, mais sans en attendre d'autre récompense que le témoignage de sa propre conscience, et le désir de faire une chose agréable à celui qui ne laisse pas sans récompense un verre d'eau donné en son nom.

Un mandataire gratuit ou rétribué doit observer certaines règles de conduite ; par exemple : ne jamais se servir de l'argent de son mandant pour ses propres affaires ; prendre garde de ne jamais prendre des engagements en son nom personnel ; ne contracter que comme mandataire ; se conformer strictement aux ordres qu'il a reçus, à moins qu'on ne l'ait autorisé à agir à sa volonté ; tenir son mandant toujours au courant de ses actes ; quand il traite avec un agent, s'assurer toujours de la réalité des pouvoirs de celui-ci.

20

CONTESTATIONS. — PROCÈS.

Connaître les droits et les devoirs qui ont leur source dans la justice, et qui sont réglés par les lois, c'est un moyen d'éviter les contestations, et d'avoir la loi pour soi quand un procès injuste vous est suscité. Nous ne conseillerons jamais d'intenter soi-même un procès, même quand une cause paraît évidemment juste ; le meilleur procès, sans parler des ennuis et des frais qu'il entraîne, ne donne jamais pleine satisfaction à celui qui le gagne. Quand on est livré au jugement des hommes, on est exposé à leurs erreurs, à leurs préjugés, à leurs fausses appréciations, et quoique les tribunaux n'offrent pas d'exemple de la violation de la justice, il sera toujours plus prudent d'en venir à un arrangement quel qu'il soit, plutôt que de plaider ; parce qu'il est rare que les juges voient les choses exactement du même oeil que les parties qui creusent une affaire complètement à fond, et le fissent-ils, les avocats s'évertuent chacun de leur côté pour égarer leur jugement en grossissant les circonstances secondaires, en atténuant les importantes, de sorte qu'il faudrait que tous les tribunaux ne fussent composés que d'hommes du mérite le plus rare, du jugement le plus sûr, de l'attention la plus constante, pour que leurs décisions fussent inattaquables. Or cela ne peut pas être, et quelles que soient les qualités des hommes appelés à terminer légalement les contestations des particuliers, leurs arrêts seront toujours empreints de l'imperfection inhérente à la nature humaine. Il est donc prudent de prévenir les fâcheuses conséquences d'un procès par un arrangement tel quel, toutes les fois que le sacrifice qu'on croit devoir faire n'est pas plus grand que les plus mauvaises chances à craindre de la perte d'un procès.

Si, en affaires, on reçoit l'influence d'autres motifs que ceux de l'intérêt bien entendu, il faut encore éviter les procès, en écoutant les bons sentiments, tels que l'amour de la paix, la charité, le souvenir d'anciens rapports, le pardon des injures, et fouler aux pieds les mauvais, tels que l'amour-propre, le ressentiment, la jalousie, etc.

Malheureusement, il n'est pas toujours possible de se soustraire à la nécessité d'un procès. On vous l'intente, il faut le subir. Alors, il faut faire choix d'un bon avocat, d'une capacité reconnue, réputé pour refuser les causes douteuses, ennemi de la chicane ; cela se trouve. Vous lui exposez votre affaire, vous lui confiez tous les documents qui peuvent l'éclairer, vous lui dites franchement le fort et le faible, sans réticence, et si c'est un travailleur, il saura vous tirer le meilleur parti de votre procès. Souvent, en s'adressant à l'avocat le plus habile, vous allez à un homme surchargé d'affaires, et vous avez à craindre qu'il soit dans l'impossibilité de donner à la vôtre toute l'attention dont elle a besoin. Dans ce cas, si vous vous sentez capable de mettre par écrit avec clarté et méthode tous les points principaux de la contestation, rédigez un mémoire et mettez-le sous les yeux de votre avocat. Il vous sera reconnaissant de le soulager dans son travail excessif ; votre mémoire le dispensera de s'arrêter sur les points secondaires de votre cause, il n'en donnera que plus d'attention aux objets essentiels, et votre collaboration, qu'il n'aurait pas osé vous demander, l'intéressera au succès de votre procès, stimulera son zèle, et il arrivera à l'audience avec des avantages qui contribueront à vous faire atteindre une issue favorable.

En général, un avocat qui débute soigne mieux une affaire ; s'il manque d'expérience, il est plus laborieux dans ses recherches, et il y a souvent avantage à le prendre pour conseil, et à se l'attacher. Un avocat qu'on consulterait toutes les fois qu'on aurait une affaire importante à conclure préviendrait bien des procès, en soignant la rédaction des actes auxquels il donnerait la clarté nécessaire pour éviter toute équivoque, et dont il écarterait toutes les clauses qui pourraient faire naître des contestations. On trouverait probablement de jeunes avocats qui, moyennant une somme fixe par an, vous assisteraient de leurs lumières toutes les fois que vous en auriez besoin.

21

MARIAGE. — TUTELLE. — TESTAMENT.

Notre cadre ne nous permet que de toucher même légèrement à ces graves matières. Se marier, marier ses enfants, les élever, partager entr'eux sa fortune, ce sont les actes les plus importants de la vie. Avant de les faire, les plus mûres réflexions sont indispensables, et nous ne saurions donner que des conseils généraux, car les cas particuliers sont extrêmement divers.

Faut-il se marier ? Oui, si l'on se sent en état d'entretenir et d'élever une famille. Non, si l'on n'a que le nécessaire pour soi. Alors, comme le mariage vaut mieux que le célibat, sauf le célibat religieux, il faut vivre dans la vue de se marier plus tard, et faire des économies, pour pouvoir former un établissement convenable.

Que doit-on rechercher dans le mariage ? Les qualités personnelles, la santé, et assez de fortune pour que la pauvreté ne vienne pas affliger le toit domestique, quand les besoins croîtront avec l'augmentation de la famille.

Légalement, le père et la mère sont tuteurs de leurs enfants. Le principal devoir de leur vie est de les élever chrétiennement, de leur donner de bons exemples avec de bons principes, de leur procurer une éducation proportionnée à leur position sociale, de les initier à la lutte de la vie en leur en faisant connaître les devoirs et les dangers. L'avenir des enfants doit être l'objet constant des pensées et des travaux des parents, au prix même des sacrifices. Que jamais les plaisirs, les passions, l'intérêt ne fassent perdre de vue ce premier des devoirs du mariage.

Si l'on devient tuteur d'orphelins, et la loi ne permet pas qu'on refuse cette charge, on doit soigner leur éducation et leurs intérêts comme ceux de ses propres enfants. C'est tout dire.

De bonne heure, sans attendre la maladie ou la vieillesse, songez à régler vos affaires pour le cas de mort, car la mort vient plus tôt qu'on ne l'attend, et elle n'avertit pas. Si vous avez des enfants, le partage égal entr'eux est celui qui conserve le mieux la paix dans votre famille. Si vous n'en avez pas, n'oubliez pas vos parents dans le besoin. Laisser aux plus riches, c'est un indice d'attachement excessif à ses tiers, dont on ne voudrait pas se séparer, et qu'on veut conserver intacts en les donnant à celui qui paraît le plus propre à ne pas les dissiper. Ce sentiment en présence de la mort, n'est pas chrétien. Que vos biens vous servent à faire du bien, à vos proches d'abord, à ceux qui vous ont rendu des services, et à votre prochain en général.

Des trois formes de testament que la loi a établies, la plus sûre est le testament authentique, devant un notaire et quatre témoins ; mais si l'on veut tenir ses dispositions secrètes, on peut se servir du testament sous forme mystique, ou simplement du testament olographe. Le testament sous forme mystique doit être au moins signé du testateur qui le cachète de son cachet, et qui le remet au notaire en présence de six témoins. C'est une forme sûre, mais accompagnée de formalités, qui rebutent ceux qui ne veulent pas même faire savoir qu'ils font leur testament. Ceux-là ont recours au testament olographe, qui doit être écrit en entier, daté et signé de la main du testateur, à peine de nullité. Il est bon de remettre ce testament à un notaire, à un ami sûr, car il est très exposé à s'égarer ou à être anéanti par ceux qui auraient intérêt à la faire disparaître. En écrivant son testament olographe, on doit avoir soin de le faire lisiblement, de ne pas laisser d'expressions équivoques, d'approuver toute rature et surcharge, et surtout de ne pas oublier de dater et de signer.

RÉSUMÉ. — RÈGLES GÉNÉRALES POUR MENER À BIEN SES AFFAIRES.

Les règles suivantes résument, sous une forme concise et claire tous les conseils qui composent ce livre. Nous les empruntons, en très grande partie à un homme qui a acquis une grande célébrité en Amérique, et même en Europe, par l'habileté qu'il a déployée dans les affaires, et par le succès de la plupart de ses opérations. Arrivé à une immense fortune, il a le droit de dire : Voilà ce que j'ai fait ; faites de même.

I. Choisissez le genre d'affaires qui convient le mieux à votre caractère et à vos inclinations naturelles.

II. Que votre parole soit toujours sacrée.

III. Quoi que vous fassiez, appliquez-y toutes les ressources de votre esprit et de votre intelligence.

IV. Soyez sobre. Abstenez-vous de l'usage des liqueurs fortes.

V. Espérez toujours le succès dans vos affaires, mais prenez garde que vos espérances ne se fondent pas sur de pures illusions.

VI. Ne vous occupez que d'une seule affaire, suivez-la avec fermeté, et ne l'abandonnez qu'après mûre réflexion. Eparpiller ses facultés, ses ressources, c'est les gaspiller.

VII. Choisissez de bons employés.

VIII. Faites de la publicité. La meilleure affaire qui n'est pas connue ne réussit pas, à moins que par sa nature, elle n'ait pas besoin de publicité.

IX. Evitez les dépenses folles, et ne dépensez pas tout votre revenu, si vous pouvez le faire sans de trop grandes privations.

X. Ne comptez pas sur les autres ; ne comptez que sur vous seul.

A ces règles de conduite qui sont assez claires pour se passer d'explications et de preuves, et dont l'expérience a démontré l'utilité, nous joignons quelques axiomes de droit qu'on ne doit jamais perdre de vue, et qui, une fois gravés dans la mémoire, doivent servir de bases fondamentales à toutes les actions importantes de la vie.

1. Le titre qui est sans valeur à l'origine ne peut pas devenir valide par le laps de temps.

2. Un droit personnel s'éteint par la mort de la personne.

3. La loi ne contraint pas à faire l'impossible.

4. On ne peut pas être poursuivi deux fois pour une seule et même cause.

5. Qui peut le plus, peut le moins.

6. La loi est en faveur des choses qui sont sous la protection de la loi.

7. Le mari et la femme ne font qu'un.

8. Lorsque deux titres sont en concurrence, le plus ancien l'emporte sur le plus récent.

9. Les accords font la loi.

10. Celui qui retire les avantages d'une affaire, doit en supporter les charges.

11. Quand l'équité est égale de part et d'autre, c'est la légalité qui l'emporte.

12. La fraude ne saurait créer un droit.

13. Cacher la fraude, c'est fraude.

14. Un acte non fondé en droit ne peut produire un profit légitime.

15. La loi assiste ceux qui veillent et non ceux qui dorment sur leurs droits.

16. L'ignorance de la loi n'excuse personne.

17. Celui qui ne fait pas d'opposition quand il le pourrait, semble consentir.

18. Quand deux lois paraissent se contredire, celle qui émane d'un pouvoir supérieur l'emporte sur l'autre ; la loi spéciale sur la loi générale, la loi nou-

velle sur la loi ancienne, la loi de Dieu sur la loi de l'homme.

Les conseils qui composent cette première partie auraient pu recevoir de plus grands développements, mais ils nous ont semblé suffisants, dans leur brièveté, pour guider sûrement les personnes sensées, honnêtes, intelligentes et réfléchies qui les méditeront. Ils sont le fruit d'une longue expérience, et ceux qui les observeront arriveront, avec l'aide de Dieu, si non à une grande fortune, qui est rarement un bonheur, au moins à l'aisance, à cette *aurea mediocritas* qui n'exempte pas, il est vrai, de toutes les peines de la vie, mais qui en écarte les plus pénibles à supporter. Quoi qu'il fasse, l'homme ne pourra jamais se soustraire à la maladie, à la mort, à la perte des êtres chéris, à la vue de leurs souffrances ; mais, s'il se conduit avec la sagesse qui est recommandée dans ces pages, il a toutes chances d'éviter la pauvreté, la misère, le dédain, le mépris et le déshonneur ; et quoique rien ne soit préférable au témoignage d'une bonne conscience, il pourra de plus jouir de la considération de ses concitoyens, non pas de cette considération apparente qui semble s'attacher à la richesse, mais de cette considération réelle et fondée sur l'estime, qui ne s'acquiert pas avec de l'argent, mais par l'observation constante des lois de la justice et de l'honneur pendant une vie entière.

Copyright © 2021 par FV Éditions
Design de la couverture : Canva.com, FVE
ISBN Ebook : 979-10-299-1312-9
ISBN Livre broché : 979-10-299-1313-6
Tous Droits Réservés

www.ingramcontent.com/pod-product-compliance
Lightning Source LLC
LaVergne TN
LVHW041851070526
838199LV00045BB/1541